김준혁
역사에세이

김준혁 역사에세이

# 역사는
# 미래다

더봄

# 다산 선생과 박 대통령의 숫자 '18'의 차이

　다산 정약용에겐 '18'이란 특별한 숫자가 따라다닌다. 국왕 정조와 함께 조선의 개혁을 위해 노력했던 시간이 18년이었고, 정조의 죽음 이후 유배를 갔던 시간이 18년이었다. 그리고 유배지 강진에서 풀려나 고향으로 돌아와 살다가 죽을 때까지의 시간이 18년이었다. 그래서 다산에게 18이란 숫자는 특별한 의미를 지니고 있다.

　다산 정약용만큼이나 18이란 숫자가 따라다니는 인물이 바로 박근혜 대통령이다. 박근혜 대통령에게 18이란 숫자는 사실 그녀의 부친인 박정희 전 대통령으로부터 시작한다. 박정희 전 대통령은 18년 집권하다가 부하인 중앙정보부장 김재규의 총에 맞아 죽었다. 박근혜 대통령은 아버지 박정희 전 대통령이 죽은 이후 18년 동안 야인생활을 하다가 1998년 처음으로 국회의원이 되었다. 그리고 그녀는 대한민국의 18대 대통령이 되었다. 18이란 숫자가 그녀에게 특별한 의미로 다가온 것이다.

그런데 박근혜 대통령에게 18이란 숫자가 다시 인생에 다가왔다. 국회의원으로 정치를 시작한 지 18년이 되는 2016년인 올해 그녀의 소울메이트로 이야기되는 최순실로 인하여 인생 최고의 위기를 맞이하게 되었다. 그래서 그녀는 국민들에게 최순실 파동으로 인한 자신의 잘못을 사과하게 되었다. 이러한 여파로 문고리 3인방이라 불리는 그녀의 최측근들인 정호성 등 비서관 3명이 18년 만에 박근혜 대통령을 떠나게 되었다.

그렇다면 다산 정약용의 18과 박근혜 대통령의 18이란 숫자는 같은 의미일까? 동양 유학의 최고 저서라고 평가받는 것이 공자가 마지막에 완성한 『주역』周易이다. 사서삼경四書三經 중 최고의 경전으로 평가받는 주역은 인간이 어떻게 살아가야 하는지를 알려주는데, 64괘로 구성되어 있어 그 내용마다 의미와 쓰임이 다르다. 64괘중 18번째 괘는 '산풍고'山風蠱란 괘다. 위에 산이 있고 아래에 바람이 있어 좀이 먹어 썩어들어간다는 것이다. 시간이 흐를수록 반듯해지고 좋아지는 것이 아니라 썩어서 부패하여 망하는 것이다.

그렇다면 왜 이렇게 썩는 것일까? 산山은 간방(1시 방향)으로 우리 조선을 말하는 것이고, 풍風은 손방(5시 방향)으로 일본을 말하는 것인데 우리나라 산속에 일본의 바람이 들어 단풍이 떨어지듯 나라를 병들게 한다는 것이다. 박근혜 대통령이 집권한 이후 최순실로 인한 국정 혼란이 있었던 것은 어쩌면 일본의 바람이 가득했기 때문일 수도 있다. 박근혜 정부가 친일을 미화하고 일본과 말도 안 되는 위안부 협상을 추진하였으며, 친일의 역사를 가르치지 않게 하는 국정교과서를 만들고, 일본이 평화헌법을 파괴하고 2차 세계대전 이전과 같은 군사 대국화로 발전하는 것을 인정한 것이다. 일본의 바람이 한반도를 뒤덮고 있는 것이다. 그러니 우리 강산과 사회에 온통 좀이 먹고 썩어들어간 것이다.

주역에서는 산풍고이지만 썩지 않는 방법도 알려주고 있다. 그것은 군주가 백성을 진작시키고 덕을 기르는 것이라고 하였다. 그러면 썩지 않고 오히려 길할 수 있다고 했다. 다산은 비록 군주는 아니었지만 덕을 기르는 데 힘써서 18이란 숫자의 운명을 백성을 위한 개혁의 숫자로 만들었고, 박근혜 대통령은 덕을 기르지 못해 온 나라를 썩어들어가게 한 것이다. 그래서 국가지도자가 덕을 기르고 백성을 귀하게 여기는 것이 그 무엇보다 중요하다.

필자는 2013년 4월부터 2년 남짓 매일경제신문에 매주 짧은 지식과 거친 글로 세상 돌아가는 모습을 바라보며 역사의 한 장면을 써왔다. 역사학자로서 옛일을 통해 오늘날을 살아가는 이들에게 작은 도움이라도 드리고 싶어서였다. 참으로 부끄러운 시절에 그 결과물을 한 권의 책으로 내놓으면서 '18'이란 숫자를 다시 생각해 본다.

2016년 12월

김준혁

# 차례

# 차례

역사는
미래다

# 정조正祖의 말씀

　우리 역사에는 위민군주로 불리는 상당수의 국왕들이 있다. 그중 가장 대표적인 이가 바로 조선 22대 국왕인 정조가 아닐까 한다.

　그는 역적으로 몰려 뒤주에 갇혀 죽은 사도세자의 아들이었기에 국왕으로 즉위하는 과정이 순탄치 않았다. 그리고 겨우 즉위했지만 끊임없이 자신을 시해하려는 세력들로 인해 즉위한 지 1년도 안 돼 일곱 번이나 피살될 위기를 겪기도 했다. 하지만 이런 어려움 속에서도 그는 자신의 역할에 충실했고, 백성들을 올바로 이끌어가기 위해 관료와 사대부들에게 크게 두 가지를 실천하라고 당부했다.

　첫 번째는 '사중지공'私中之公이다. 늘 공적인 일을 위해 자신을 희생하라고 한 것이다. 당시 관료들은 공적인 것을 평계 대고 사적 이익을 취하는 것이 한둘이 아니었다. 더구나 아버지 사도세자를 죽인 신하들은 자신들이 한 행동은 나라를 위한 것이라고 말하며, 정조가 사도세자를 위해 묘소를 명당인 수원으로 옮기려 하자 사사로운 목적 때문에 그리하는 것으로 매도했다.

이에 정조는 신하들에게 일갈한다. "경들은 내가 사적인 행동을 한다고 하지만 결코 그렇지 않다. 난 비록 처음엔 사적인 것으로 출발할 때도 있지만 반드시 공적인 것으로 연결한다. 하지만 경들은 공적인 것을 이야기하면서 결국 사적 이익으로 연결한다. 과연 누가 옳은 것인가?"

두 번째는 손상익하損上益下다. 이 말은 주역 풍뢰익風雷益 괘에 나오는 것으로, '윗사람이 손해를 봐서 아랫사람을 이롭게 한다'는 뜻이다. 그는 이 네 글자를 실천하기 위해 많은 노력을 기울였다. 늘 솔선수범해 덜 입고 덜 쓰며 백성들의 아픔을 느끼기 위해 노력했다. 가난한 사람, 질병 환자, 부모 잃은 어린이들이 온전히 살아갈 수 있도록 최선을 다했다. 잘못된 행정처분을 발견하면 그 즉시 시정하고, 악정을 행한 탐관오리들은 엄하게 처벌했다.

-2015.06.24

# 기우제 祈雨祭

　　1782년 5월 22일(양력 7월 2일) 정조는 익선관에 곤룡포만 걸친 채 숭례문 인근의 남단南壇(현재 환구단)에 올라가 기우제를 지냈다. 극심한 가뭄으로 보리가 말라 죽고 모내기 때 심은 벼도 타들어 가기 직전이었다. 정조는 이런 가뭄이 자신의 부덕의 소치라고 판단해 대부분 정승이 주관하던 기우제를 자신이 직접 지내기로 한 것이다. 이에 앞서 정조는 4월 초부터 전국 수령들에게 농사 현황을 보고하게 한 뒤 억울하게 감옥에 갇힌 죄수는 없는지 확인해 풀어주고, 연고 없이 죽은 시신을 매장하게 했다. 어려운 시기일수록 백성들을 위로하는 사회통합 정책이 중요하다고 판단한 것이다.

　　그리고 5월 11일 창경궁 명정전에서 기우제 제문을 직접 지어 선포하고, 삼각산(북한산)과 한강 등에서도 기우제를 지내게 한 바 있다. 기우제를 지낸 직후 비가 내리자 백성들은 '희우'喜雨라고 기뻐했지만 가뭄을 해갈할 만큼의 양은 아니었다. 그래서 정조는 10여 일 후 풍운뇌우風雲雷雨를 기원하는 남단에 직접 올라가 기우제를 지낸 것이다.

거대한 왕실 행차 대신 별운검(호위무사) 2명만을 대동하고 남단으로 갔던 정조는 기우제가 끝나자 국왕의 전용 가마인 법가法駕를 타고 환궁하라는 대신들의 청을 거절했다. 그는 "백성을 위해 기우제를 지냈는데 비가 내리는 것을 보지 못하고 돌아가니, 나는 실로 백성을 대할 면목이 없다. 어찌 법가를 타고 일산(양산)을 쓰겠는가"하고는 끝내 걸어서 궁으로 돌아왔다. 이러한 정조의 겸양한 마음을 하늘도 알았는지 기우제를 지낸 다음날 많은 양의 비가 내려 가뭄이 해갈됐다.

최근 극심한 가뭄으로 농민들이 큰 어려움을 겪고 있다. 간간이 비 소식이 있긴 했지만, 아직도 완전한 해갈을 이루기는 어려운 상태다. 더구나 메르스 확산까지 겹쳐 정부와 지자체들이 우왕좌왕하는 탓에 근본적인 대책을 내놓지 못하고 있다. 이런 때일수록 국민이 힘을 합쳐 서로를 걱정해주고 위로하며 혼신을 다해 가뭄 해결을 위해 노력해야 할 것이다. 반가운 비 소식과 함께 메르스 병원균도 깔끔하게 비에 씻겨 내려가길 바란다.

-2015.06.17.

# 괴질怪疾

연산군이 즉위한 지 3년째 되던 1497년 3월 17일, 영안도(함경도) 감사 여자신이 삼수三水와 갑산甲山에 원인을 알 수 없는 괴질이 퍼져 350명의 백성이 죽었다고 급보했다.

이에 조정에서는 선왕 대의 전례에 따라 함경도 일대에 의원 2명을 파견했다. 하지만 고작 의원 2명만 보낸 탓에 전염병은 걷잡을 수 없이 번졌고 함경도뿐만 아니라 황해도와 평안도까지 확대됐다. 특히 평안도의 중심이자 조선의 가장 큰 도시였던 평양은 전염병으로 인해 순식간에 수백 명의 사망자가 발생했다.

곧이어 평양에서는 전염병보다 더 큰 문제가 생겼다. 당시 평양 백성들은 경제난 때문에 평안도 감영에서 공채公債를 빌려 썼고 그 양이 4만 900석이나 됐다. 그런데 공채를 빌린 사람 중 상당수가 전염병으로 사망하는 바람에 이를 돌려받기가 어렵게 된 것이다. 그러자 평안도 감영에서는 죽은 사람들의 친척과 이웃들에게 공채를 징수하기 시작했다. 전염병이 돌아 생계가 막막해졌는데 부당한 세금 징수까지 늘어나자 백성들은 하나둘 마을을 벗어나기 시작했고, 마침내 평양 시내가 텅텅 비게 됐다.

일이 이렇게 되자 판중추부사 이극균은 "백성들의 고통이 너무 크니 호조에서 공채를 탕감해 달라"고 임금인 연산군에게 요청했다. 하지만 연산군은 이에 대한 대답을 회피해버렸고, 백성들의 원망은 더욱 커져만 갔다.

임금이 백성들의 고통을 외면했기 때문인지 그해에 전염병은 사라지지 않았고, 여름에는 우레가 치고 눈까지 내렸다. 또 우박으로 작물이 죽고 낙뢰가 궁궐을 내리쳤다. 일부 신하들은 "임금이 올바른 처신을 해야만 천재지변을 타계할 수 있다"고 용기 있는 간언을 했다. 하지만 연산군의 행동은 전혀 달라지지 않았고 괴질은 그해 가을까지 이어졌다.

갑자기 불어닥친 중동호흡기증후군(메르스) 때문에 온 나라가 혼란에 빠졌다. 무엇보다도 메르스 환자 발생 18일 만에 병원 명단을, 그나마 병원 이름도 틀리게 공개한 정부의 무능한 대처에 가장 큰 문제가 있다고 보인다. 질병보다 무서운 것은 정부에 대한 불신이다. 이제라도 당정과 보건당국이 힘을 합쳐 국민에게 정확한 정보를 제공하고 질병 퇴치를 위해 최선을 다해주길 부탁한다.

-2015.06.10

# 영의정 김자점

1646년 2월 3일 인조는 영의정 김류를 비롯해 중신들을 급하게 소집했다. 임금의 수라상에 독을 넣은 사건이 일어났기 때문인데, 인조는 그 배후로 며느리인 강빈(소현세자의 부인)을 지목한다. 일부 궁녀들은 강빈의 무죄를 주장했지만 받아들여지지 않았고 그들은 모두 무참한 죽음을 당했다. 강빈 역시 사약을 받았으며, 그의 아들 3명은 제주도로 유배를 간 뒤 그중 두 명은 의문사하고 만다.

이 사건은 영의정 김자점이 꾸민 일이다. 조작과 음모의 전형이라 평가받는 김자점은 권력을 얻기 위해 갖은 권모술수를 쓰고 무수히 많은 반대 세력을 제거하면서 성장했다. 그는 1623년 인조반정에 참여해 일등 공신으로 책록됐는데, 이는 당시 실세였던 김상궁에게 상당한 뇌물을 주었기 때문이다. 1624년에는 자신의 반대파이자 광해군의 지지 세력이었던 기자헌 등 북인 인사 40여 명을 처형했다. 이후에도 김자점은 권력을 유지하기 위해 훌륭한 장수이자 자신과 가장 가까웠던 임경업에게 역모죄를 뒤집어씌워 죽게 만들기도 했다. 자신에게 반대하면 무조건 '역모' 세력으로 몰아세우는 김자점의 공안

정책 때문에 수많은 사대부들이 역적 누명을 쓰고 죽어 나갔고, 온갖 부정부패로 인해 인조 대는 조선 백성들이 가장 살기 어려운 시대로 기록됐다.

하지만 이렇게 무고한 사람을 많이 죽인 김자점도 끝내는 효종에 의해 사형을 당하고 만다. 효종이 즉위하고 송시열 등 사림세력의 등용으로 북벌론이 대두되자 위협을 느낀 그가 청나라에 국가 기밀을 누설했기 때문이다.

이완구 국무총리 사퇴 이후 공석이 된 국무총리 자리에 최근 황교안 법무부 장관이 내정됐다. '공안통', '미스터 국보법'이라 불리는 그가 인사청문회에서 넘어야 할 벽이 만만치 않아 보인다. 부산고검장 퇴임 직후 대형 로펌에 재직하면서 17개월 동안 약 16억원을 벌어들인 것을 비롯해 병역 면제, 증여세 탈루 의혹 등이 있기 때문이다. 대통령의 가이드라인을 따르는 국정 운영도 좋지만 총리 후보자라면 국민이 진정으로 원하는 소통과 화합이 무엇인지 깨닫고 청문회에 임하길 바란다.

-2015.06.03.

# 자장율사 慈藏律師

신라 왕족인 진골 출신으로 4월 초파일에 태어난 자장율사는 어린 시절부터 총명하였으나 세상에 뜻을 두지 않고 승려가 되고자 하였다. 자장은 조정에 출사하지 않으면 목을 베겠다는 국왕의 명에 "내가 단 하루만이라도 계율을 지키다가 죽을지언정 100년 동안 계율을 어기고 사는 것을 원하지 않는다"며 출가를 감행한다. 신라의 깊은 산에서 수행을 하다가 천인天人에게 5계를 받아 깨달음을 얻은 그는 당나라로 유학 가서 극도의 수행으로 '화엄학' 묘지를 깨닫게 된다. 이때 화엄의 중심 보살인 문수보살을 친견하고 가사와 부처님 진신사리까지 받았다. 이 사실은 당나라 황제 태종에게까지 알려졌고 자장은 당나라 그 어떤 고승보다 높은 존경을 받았다.

선덕여왕의 요청으로 신라로 돌아온 자장은 백성에게 계율을 지킬 것을 강조하였다. 그는 만년에 문수보살을 다시 친견하기 위해 태백산 석남원에 머물렀다. 하지만 자장은 위엄이 높아질수록 계율을 엄격히 하며 수행하던 예전 모습이 아닌 거만한 승려로 변하기 시작했다. 어느 날 비렁뱅이 노인이 삼태기에 죽은 개를 거꾸로 메고 와서 자장을 만나고자 하였다. 하지만 제자들은 비렁뱅이를 내쫓았고 자장 역시 그를 알아보지 못했다. 그 순간 비렁뱅이는 "돌아가겠다, 돌아가겠다! 아상我 相을 가진 자가 어찌 나를 알아보겠느냐?" 하고 삼태기를 거꾸로 터니 개가 변하여 사자가 되어 빛을 발한 후 사라졌다. 그 비렁뱅이가 바로 문수보살이었던 것이다. 이에 자장율사는 자신의 오만함으로 문수보살 을 알아보지 못한 것에 대한 자책과 충격으로 그만 쓰러져 죽고 말았 다. 그 오랜 수행과 명성이 헛되고 만 것이다.

지난 25일은 석가탄신일이었다. 우리 모두는 가난하고 소외된 이들 을 위해 자신을 희생한 부처님의 삶을 생각하고 자비행을 실천하였으 면 한다. 특히 지식, 권력, 경제력을 가진 이들이 자신만의 이익을 위한 삶을 내려놓고 공동체를 위해 더불어 살기 를 희망한다. 여기에 더해 자장처럼 엄청난 수행을 한 이 들도 오만해지면 진리를 알아보지 못하듯이 우리 모두 늘 오만하지 않은 겸손한 삶을 살아야 할 것이다.

-2015.05.27

# 유자광의 조작

1498년 7월 15일. 환했던 하늘이 갑자기 캄캄해지고 비가 폭포수 쏟아지듯 내리기 시작했다. 큰바람까지 일어 나무가 뽑히며 기와가 날아다녔다. 이날은 유자광이 연산군에게 "김종직이 쓴 조의제문弔義帝文은 세조를 비방한 것이나 다름없으니 죄를 물어야 한다"고 주장했고 연산군이 이를 받아들인 날이다.

'조의제문'은 항우項羽에게 죽은 초나라 회왕懷王, 즉 의제義帝를 추모하는 글인데 이는 세조(연산군의 증조할아버지)에게 죽임을 당한 단종을 의제에 비유한 것으로, 세조의 찬탈을 은근히 비난한 것이었다. 유자광의 이간질에 분개한 연산군은 이미 세상을 떠난 김종직의 시신을 꺼내 부관참시했고, 그의 제자인 김일손 등을 참수시켰다.

유자광이 연산군을 이용해 김종직의 명예를 훼손하고 제자를 몰살시킨 것은 김종직이 살아생전 자신을 비난했기 때문이었다. 유자광은 '이시애의 난'을 평정하고 27세에 병조판서에 오른 남이南怡를 시기해 그가 세조의 뒤를 이어 국왕이 된 예종을 제거하고 자신이 국왕이 되려

한다고 거짓 소문을 퍼뜨렸다. 남이의 인기가 부담스러웠던 예종은 유자광의 말을 받아들여 결국 그를 사형시켰다. 김종직은 이런 유자광의 음모와 야심을 간파하고 성종 대에 그가 남이를 시기해 역모 사건을 조작하며 그를 죽게 했다고 비난했던 것이다.

이후 유자광은 김종직에 대한 복수의 칼을 갈기 시작했고, 연산군 대에 이르러 조의제문을 트집 잡아 이미 죽은 김종직에 대한 복수를 실행한 것이다. 하지만 두 번의 조작 사건을 통해 자신의 반대세력을 제거하고 권력을 잡을 수 있었던 유자광 역시 중종 즉위 후 대간의 탄핵을 받아 경상도 변방으로 유배 간 뒤 장님이 되어 비참하게 삶을 마감하고 만다.

1991년 5월 노태우정권 퇴진을 요구하며 분신했던 김기설 씨의 유서를 대필했다는 죄로 억울한 옥살이를 했던 강기훈 씨가 지난주 대법원에서 무죄를 선고받았다. 무려 24년 만의 일이다. 당시 사건을 조작한 이들은 아무도 참회와 사과도 하지 않고, 어떤 법적 처벌도 받지 않았다. 앞으로 우리 사회에 민주주의 정신을 훼손하는 이런 조작 사건이 다시는 일어나지 않기를 바란다.

－2015.05.20

# 백제역사유적지구와
# 일본의 근대산업시설

　오는 6월 28일 독일의 본에서 '제39차 세계유산위원회'World Heritage Committee가 개최될 예정이다. 이번 행사가 우리나라 사람들에게 특별히 주목을 받는 이유는 백제역사유적지구와 일본의 근대산업시설이 세계유산으로 등재될 가능성이 높기 때문이다. 일단 이 유산들은 국제기념물유적협회ICMOS에서 실사를 나간 전문가들에 의해 등재 권고 보고서가 제출됐기 때문에 이변이 없는 한 유네스코 세계유산에 등재될 것이다.

　사실 백제와 일본은 역사 속에서 특별한 관계가 있는 나라다. 주몽의 고구려 건국을 적극 도왔던 소서노와 그녀의 아들 비류, 온조가 한강 유역에서 백제를 건국한 뒤 바다를 건너 속국인 왜(倭)를 건국했다고 전해진다. 원래 '왜'라는 말은 착하고 순하다는 뜻으로 자신들의 주군인 백제를 공경하고 있다는 뜻이다. 오늘날 사용되는 '왜국'의 이미지와는 상당히 다르다.

　그런데 그들은 근대에 들어와 조선을 무력으로 지배하기 시작하면서 공주, 부여 일대의 백제 유적을 도굴하기 시작한다. 바로 자신들이 백제로부터 지배를 받았던 사실을 숨기기 위해서였다. 만약 다양한 유물을 통해 백제의 고대사가 밝혀지면 자신들이 철저하게 백제의 속국이었다는 사실이 드러날 수 있기 때문이었다.

그러다 1971년 7월 8일 공주 송산리 고분군 5호분과 6호분 사이에서 무령왕릉이 발견되면서 백제와 일본의 주종 관계가 명백히 밝혀지게 된다. 이런 사실로 미뤄볼 때 공주 송산리의 다른 고분과 부여 능산리 왕릉군에도 백제의 역사를 담은 다량의 유물이 들어 있었을 것이다. 하지만 일제의 도굴로 인해 지금 우리는 아무것도 확인할 수 없는 상태다.

일본이 진정으로 아시아 평화를 위하고 세계문화의 발전을 위한다면 제국주의 시기에 수많은 사람을 강제 노역에 동원했던 시설물을 세계유산으로 등재 추진할 것이 아니라 당시의 죄악을 사과하고, 우리나라에서 도굴해 간 유물부터 공개해야 하는 것이 맞는다. 독일이 나치의 잔학 행위에 희생된 사람들을 잊지 않기 위해 반성하는 마음으로 '아우슈비츠 수용소'를 세계문화유산에 올렸다는 것을 일본이 반드시 깨닫기 바란다.

-2015.05.13

# 조선책략 <sub>朝鮮策略</sub>

1880년 9월, 일본에 수신사로 파견됐던 김홍집이 돌아와 고종에게 '조선책략'朝鮮策略이라는 외교의견서를 바친다. 이는 청국 주일공사관의 참찬관이던 황준헌黃遵憲이 지은 것으로 내용을 요약하면 조선은 러시아의 남하를 막고 친중국親中國, 결일본結日本, 연미국聯美國함으로써 자강책을 도모해야 한다는 것이다.

황준헌은 당시 중국 정부의 최고 실세인 이홍장의 측근이었는데, 이홍장은 조선이 러시아와 가까워진다면 중국이 더 이상 동아시아에서 영향력을 발휘할 수 없게 된다고 판단했다. 그리고 조선이 일본 미국과 우호적이 된다면 러시아 견제에 더욱더 효과적이라고 생각했다. 결국 조선책략은 황준헌 개인의 의견이라기보다는 이홍장, 나아가 청국이 조선을 효과적으로 다루기 위한 하나의 방편에 불과했던 것이다. 더구나 조선책략에서는 미국을 강대, 공명, 정의의 나라로 묘사하며 미국이 조선에 대해 욕심이 없을 뿐만 아니라 조선을 이롭게 할 것이기 때문에 적극적으로 수호통상조약을 체결해야 한다고 권장했다.

김홍집으로부터 조선책략을 건네받은 고종은 이런 주장을 적극 받아들여 1882년 미국과 수교했고, 1910년 일본에 나라를 빼앗길 때까지 미국이 조선을 지켜줄 것이라고 믿었다. 하지만 미국은 일본과 '가쓰라 태프트 밀약'을 체결하며 사실상 일본의 한반도 지배를 인정한 것으로 드러났다. 중국 역시 미국의 일본 지원을 막을 방법이 없었다. 결국 중국에서 만든 외교문서만 믿고 자생력을 기르지 못한 조선은 이후 강대국들에 이리저리 휘둘리고 만다. 국제 외교에서 가장 중요한 것은 역시 자국의 이익이라는 것이 19세기 말 동아시아에서 극명하게 드러난 셈이다.

최근 아베 신조 일본 총리가 미국을 방문해 국빈 대우를 받고 분쟁 지역에 일본 자위대의 파병을 허락받았다. 이는 미국이 중국의 국제적 영향력을 견제하기 위해 의도적으로 일본을 지원하는 것으로 강대국의 전형적인 실리 외교 사례다. 우리 정부 역시 미국이나 중국이 영원한 친구라는 환상을 버리고 어디까지나 합리적인 판단으로 국익에 도움이 될 수 있도록 실리 외교의 장을 펼치기를 바란다.

-2015.05.06

# 황희 黃喜

세종 시대의 대표적인 청백리로 추앙받고 있는 황희가 정승이 되었을 때 6진 개척으로 유명한 김종서가 공조판서로 있었다. 하루는 황희가 의정부에서 업무를 보고 있는데 김종서가 호조 직원을 시켜 술과 음식을 보냈다. 늦게까지 일하는 황희가 배고플 것이라 생각해 특별히 음식을 보낸 것이었다. 그러자 황희는 곧바로 김종서를 불러 "국가에서 예빈시禮賓寺(조선시대 손님의 접대 등을 담당했던 관아)를 설치한 것은 삼공三公(좌의정, 우의정, 영의정)을 접대하기 위해서이다. 음식을 보낸다면 당연히 예빈시로 하여금 장만해 오게 할 것이지 어찌 사사로이 음식을 제공한단 말인가?"라며 엄하게 꾸짖었다. 이처럼 황희는 공과 사를 명확히 구분하는 청렴함과 강직함이 있었다.

하지만 성격이 이렇다 보니 녹봉만으로는 많은 가족을 거느리기 힘들었고 늘 경제적 어려움에 처했다. 그래서 세종은 그의 생계를 돕기 위해 특별한 묘책을 짰다. 특별한 날짜를 정해 당일 사대문 안으로 들어오는 계란을 모두 모아 그의 집으로 보내기로 한 것이다. 그런데 계란이 들어오기로 한 날 하필이면 홍수가 나서 제때 반입이 안 됐고, 추후 사대문 안으로 반입된 계란은 모두 곯아 있었다. 결국 황희의 집으로 배달된 계란은 하나도 성한 것이 없었다. 이 일로 '계란유골'鷄卵有骨이란 말이 만들어졌다.

이외에도 황희에 대해서는 많은 일화가 전해지고 있는데, 대부분 청빈함을 강조하거나 관용, 타인에 대한 배려와 관련된 것이다. 이런 그의 품성 때문에 세종은 그를 18년이나 영의정에 있게 했고, 세종 시대는 문화적 황금기를 맞이할 수 있었다.

얼마 전 김진태 새누리당 의원이 이완구 국무총리를 변호한답시고 황희를 부정부패한 인물로 폄훼하는 바람에 황희 정승 후손들과 수많은 국민으로부터 지탄을 받고 사과하는 일이 발생했다. 같은 당 출신의 정치인을 보호하려다 무리수를 둔 것이다. 일인지하 만인지상一人之下 萬人之上이라 불리는 국무총리는 참으로 어려운 자리다. 유독 이번 정권에서 총리와 그 후보들의 낙마가 많았는데, 부디 이번에는 후보 검증을 철저히 해서 황희에 버금가는 국무총리가 탄생되길 바란다.

-2015.04.29

# 영의정 채제공

1793년(정조 17년) 3월 9일. 화성유수부 관아 앞에서 육의전 상인 70여 명이 항의 농성을 하고 있었다. 화성유수 채제공이 좌의정 시절에 만든 통공通共 정책 때문에 자신들의 물품 유통 독점권이 사라져 금전적 피해를 보고 있다며 원래대로 독점권을 돌려달라는 것이었다. 당시에는 조정으로부터 독점권을 취득한 시전 상인만이 장사를 할 수 있었다. 이들은 일반 백성들의 난전亂廛(허가 없이 길에 함부로 벌여 놓은 가게)을 폭력적으로 쫓아낼 수 있는 '금난전권'禁亂廛權을 행사하며 폭리를 취했다. 이러한 배경에는 엄청난 뇌물을 받은 조정 고위관리들의 비호가 있었다.

채제공은 기존의 상업정책이 잘못된 것이라고 판단했다. 그리고 조선의 백성들이라면 누구나 아무런 제약 없이 장사를 할 수 있어야 한다고 생각했다. 이를 바탕으로 채제공은 조선 개국 400년 만에 모든 백성들이 장사를 할 수 있는 통공 정책을 수립한 것이다. 신해통공辛亥通共이라 불리는 이 상업정책은 조선시대 최고의 개혁이라고 오늘날 역사가들로부터 평가받고 있다.

채제공은 육의전 앞에서 시위하던 상인들에게 "지금 위대한 군주가 위에 계시고 온 나라 백성은 똑같이 군주의 자식이다. 그렇다면 행상行商이건 좌판坐販이건 서로 있는 것과 없는 것을 바꾸는 것은 진실로 떳떳한 일이다"며 호통을 치고는 모두를 돌려보냈다.

이러한 합리적 판단과 정책 추진으로 조선의 백성들에게 널리 존경받았던 채제공은 정조의 총애를 받았으며, 1793년 5월 충청도 청양 출신의 사대부로는 처음으로 영의정에 임명됐다. 정조는 채제공에 대해 "영의정 채제공과 나는 공적으로는 비록 군신의 관계이나 사적으로 부자 관계와 같다"며 그에 대한 막대한 존경심을 보여주기도 했다.

채제공과 고향이 같은 이완구 국무총리가 뇌물 스캔들에 휘말려 63일 만에 총리직에서 하차하고 말았다. 헌정 사상 처음으로 수사 대상이 된 그의 사퇴가 안타깝기만 하다. 하지만 그가 사퇴했다고 해서 모든 것이 해결되지는 않는다. 아직도 많은 의혹들이 해소되지 않았기 때문이다. 박근혜 대통령 말대로 정치개혁 차원에서라도 검찰은 이번 일을 확실히 수사해 모든 것을 명백히 밝혀주길 바란다.

-2015.04.22

# 뇌물 賂物

1612년(광해군 4년) 김직재가 국왕 광해를 몰아내고 진릉군晉陵君 이
태경을 국왕으로 세우려한다는 역모 사건이 발생했다. 이는 당시 최고
의 권력을 갖고 있던 이이첨과 봉산군수 신율이 짜고 소북파인 유영경
일파를 몰아내기 위한 일종의 무고誣告였다. 이 조작으로 인해 감옥에
갇혀 죽은 자만 무려 100여 명이나 됐다.

그런데 이이첨을 비롯한 대북파 핵심 관료들은 사건 조작도 모자라
억울하게 감옥에 갇힌 이들에게 끊임없이 뇌물을 요구했고, 마지못해
수감자가 뇌물을 주면 그들의 죄를 사면해 줌으로써 엄청난 부를 챙겼
다. 더구나 권력을 잡은 이들은 무관직인 병사兵使와 수사水使를 임명할
때 각각 1000냥씩의 뇌물을 받아 챙겼고, 뇌물의 정도에 따라 관직 등
급을 결정하기도 했다. 당시 30냥이면 집 한 채를 살 수 있었으니 1000
냥의 가치는 실로 어마어마한 것이었다.

사실 이들의 부정부패는 광해군과 이이첨 등 정권 수뇌부들이 불타
버린 경복궁을 대신해 인경궁과 경덕궁을 화려하고 웅장하게 짓기 시

작하면서 본격화됐다. 전란으로 재정이 피폐해졌는데도 불구하고 대형 토목공사를 벌이기 위해 관리들이 공공연히 뇌물을 받았고 문관직과 고을 수령의 벼슬까지 팔기 시작했던 것이다. 그리고 뇌물로 관직을 산 자들은 부임지로 가서 자신이 상납한 뇌물의 몇 배를 백성으로부터 착취하는 등 악행이 되풀이됐다. 결국 핵심 관료들의 무능과 부정부패로 인해 광해군 정권은 오래가지 못하고 인조반정으로 새 정권이 들어서게 된다.

최근 성완종 전 경남기업 회장이 자신에 대한 검찰 수사의 억울함을 토로하며 정치자금을 건넨 고위 공직자 리스트를 남겨놓고 스스로 목숨을 끊었다. 조선 후기 실학자 성호 이익은 "백성이 가난한 것은 아전의 탐학 때문이고, 아전의 탐학은 뇌물 때문이며, 뇌물이 자행되는 것은 법이 해이하기 때문"이라고 했다.

그동안 비슷한 사안의 검찰 수사 결과에 대해 국민은 미덥지 못해하고 실망하는 경우가 많았다. 앞으로 검찰은 한 점의 의혹도 없이 수사해야 할 것이며, 사법부는 문제가 된 이들을 엄격한 법의 잣대로 심판하길 바란다.

-2015.04.15

# 다산茶山의 목민론

　　1818년(순조18) 3월, 강진 만덕산의 다산초당茶山草堂에서 글을 읽던 정약용丁若鏞은 유배 18년을 생각하며 자신이 살고 있는 시대를 생각해 봤다. 과연 이 시대는 올바른 시대인가? 이 땅의 백성들은 앞으로 행복하게 살아갈 수 있을 것인가? 그런 질문에 대해 스스로 내린 결론은 오히려 간단했다. "아니다!" 다산은 자신이 살고 있는 때를 '성인聖人의 도道가 땅에 떨어진 시대'로 규정했다.

　　그래서인가. 다산은 자신과 함께 '사학죄인邪學罪人'으로 누명을 쓰고 흑산도에 유배 중인 둘째 형 정약전에게 참으로 가슴 아픈 편지를 보낸다. "형님, 이 세상은 더 이상 썩을 데가 없습니다……." 다산의 자조와 탄식은 계속됐다. "호랑이와 매는 사나워서 사람과 동물을 잡아먹지만 배가 부르면 옆에 사람과 동물이 있어도 사냥하지 않는데, 백성을 다스려야 하는 관리들은 욕심이 끝이 없어서 백성들을 착취해도 배불러 하지 않고 끊임없이 착취해서 자신의 이익을 얻는구나" 하고 말이다.
　　관리들의 무능과 부정부패에 대해 자조와 탄식을 반복하던 다산은 국가를 개혁하기 위해서는 목민관牧民官을 가장 먼저 변화시켜야 한다고 주장했다. 그가 이런 생각들을 정리하며 유배 18년 동안 가장 공들여 저술한 책이 바로 '목민심서'牧民心書다. 다산은 목민심서 서문에 "수령은 본인이 되고 싶어서 되면 안 되고, 많은 백성이 천거해서 돼야 한다"고 강조했다. 또 "백성 위에 군림하는 권력을 가지고 싶거나 혹은 그 지위를 이용해 금력을 얻고자 하는 이들, 더 나아가 무능력해서 백성을 위해 어떤 일도 할 수 없는 이들은 절대 수령을 해서는 안 된다"고 했다. 이 얼마나 올바른 말씀인가! 오늘 이 시대에 생각해도 하나도 틀린 말이 아니다.

지금 4곳의 국회의원 재보선이 한창인데 요즘 정국을 보면 다산의 탄식이 그대로 이어지는 듯하다. 출마한 이들 모두 '국민을 위한다'는 명분으로 출마했겠지만, 가슴에 손을 얹고 진심으로 세상을 바꾸고 싶은지 고민해봤으면 좋겠다. 그리고 선거에서 당선된다면 최소한 목민심서 한 번 정도는 정독하고 정치에 임해주길 바란다.

-2015.04.08

# 청백리 유성룡

1598년(선조 31년) 10월 2일, 『징비록』懲毖錄의 저자로 유명한 영의정 유성룡柳成龍이 사의를 표명한다. 그는 처참했던 임진왜란을 승리로 이끄는 데 크게 공헌한 인물이지만, 선조는 늘 그를 견제했다. 유성룡이 백성들의 지지를 한 몸에 받고 있었기 때문이다.

이런 선조의 속마음을 알고 있던 유성룡의 반대 세력들은 성균관 유생이었던 정급을 내세워 그를 부정 축재자로 몰아세웠다. 유성룡이 자신의 지위를 이용해 공공연히 뇌물을 받고, 친척들을 관직에 진출시켰으며, 훈련도감의 군사들을 훈련시킨다는 명목으로 군 자금을 받아 이를 횡령했다고 한 것이다.

그리고 서울의 자택이 소박해 보여도 안동의 본가에는 선물 꾸러미가 줄을 잇는 등 엄청난 재산이 쌓여 있다고 했다. 전란으로 백성 모두가 고통에 빠져 있는데 유성룡만 재산을 증식했으니 당연히 파직돼야 한다는 논리였다. 정급의 상소가 올라오자마자 사간원과 사헌부 등 서인 세력 모두 유성룡의 파직을 요청했고, 선조는 한 달 만에 그를 파직했다.

그런데 조정과 달리 이 소식을 접한 백성들의 분노는 이만저만이 아니었다. 검소하고 소탈한 유성룡의 실제 모습을 가까이서 보았던 백성들은 그가 청백리였을 뿐만 아니라 나라를 구하기 위해 온몸을 바쳤다는 사실을 너무나도 잘 알고 있었기 때문이다.

　　백성들은 유성룡을 탄핵한 서인 세력들을 욕하기 시작했고, 이런 분위기가 확대되자 서인의 중심인물인 이항복이 나서 유성룡이 청백리였음을 인정하고 백성들의 심기를 달래기에 이른다.

　　얼마 전 정부가 고위 공직자들의 재산 신고 내역을 공개했는데, 전체의 절반 정도가 우리나라 상위 5%의 부자이고, 부동산 가격 상승으로 작년 한 해 동안 10명 중 7명의 재산이 증가했다고 한다. 1인당 평균 9540만원이 늘어난 셈이다. 계속되는 불황 속에서 서민들은 내 집 한 채 마련하기가 하늘의 별 따기인데, 고위 공직자들은 부동산으로 재산을 차곡차곡 늘려가고만 있으니 과연 이들이 국민의 어려움을 진정으로 이해할 수 있을까 싶다. 대한민국의 공직자들 모두가 청백리가 돼야 하는 것은 아니지만, 부디 자신의 권력과 지위를 이용해 재산을 늘리지 않기를 바랄 뿐이다.

-2015.04.01

# 유기아 수양법 遺棄兒收養法

1664년 북관어사 민정중閔鼎重은 국왕 현종에게 한 가지 건의를 했다. 가난 때문에 자식을 낳아도 기르지 못하는 임산부들이 많은데, 이들을 관아에 등록해 매달 일정한 양식을 지급해야 한다는 것이었다. 실제로 당시에는 먹고살기가 힘들어 자식을 낳은 뒤 아이를 버리고 도망가는 부모가 숱하게 있었다.

민정중은 이러한 안타까운 현실을 지켜보면서 위와 같은 제안과 함께 가난으로 자식을 키울 수 없는 사람이 관에 아이를 맡기면 아이를 키울 만한 사람을 물색해 경제적 지원을 해야 한다고 주장했다. 그는 남인과 정치적 대립을 하는 서인의 거두였지만 가난한 아이들을 살리는 정책에 있어 당파를 초월했다. 이런 민정중의 '유기아 수양론'遺棄兒收養論은 1695년(숙종 21년) '유기아 수양법'과 1783년(정조 7년) '자휼전칙'이 만들어지는 토대가 됐다.

정조는 버려진 아이들을 열 살까지 진휼청에서 기르게 했다. 그리고 이 아이들에게는 풍년, 흉년에 관계없이 매일 똑같은 양의 식사를 제공케 했다. 갓난아이의 경우 유리걸식하는 여인들 중에서 수유가 가능한 여인을 골라 한 명당 두 아이씩 맡겼으며, 그 여인에게도 매일 식량을 제공했다. 어린아이들이야말로 국가의 미래고, 이들에게 최소한의 먹거리를 책임져야 한다는 생각 때문이다.

최근 경남도의회가 무상급식 예산을 중단하는 조례안을 통과시켰다. 여기에는 홍준표 경남지사의 무상급식 폐지론이 강력하게 작용했다. "학교는 공부하러 가는 곳이지 밥 먹으러 가는 곳이 아니다"는 의견을 밝힌 그는 수많은 학부모들의 원성을 듣고 있다.

정치학의 가장 오래된 교과서라 할 수 있는 서경書經에 보면 정치에서 힘써야 할 여덟 가지 일 중 가장 으뜸이 바로 '식'食이라고 했다. 경제난이 심했던 조선 시대에도 가난하고 버려진 아이들에게 안정된 먹거리를 공급했는데, 경제적으로 여유로운 오늘날 학생들의 급식을 일방적으로 끊었으니 앞으로 주민들의 반발은 더욱 심해질 것이다. 경남도민들과 충분한 협의 없이 일방적으로 이번 결정을 내린 정치인들의 운명이 어떻게 될지 앞으로 지켜볼 일이다.

−2015.03.25

# 이여송의
## 생사당 生祠堂

　　1593년 1월 12일 의주 용만관에서 선조가 어전회의를 개최했다. 좌의정 윤두수와 병조판서 이항복 등이 참여한 어전회의 분위기는 한껏 달아올랐다. 명나라 제독 이여송이 평양성을 탈환했다는 소식 때문이었다. 8개월 전 일본의 침략으로 20여 일 만에 도성을 버리고 의주까지 피란 온 선조에게는 그 무엇보다도 기쁜 소식이었다.

　　요동에서 주로 활동하며 큰 전과를 올려 명 황제 만력제에게 신임을 받아 온 이여송은 조선 총사령관으로 부임했을 당시의 나이가 겨우 30세였다. 그는 젊은 나이에 조선의 전시작전권을 통째로 장악하고 선조보다 더 큰 권한을 갖게 됐다. 그런데 평양성 탈환의 소식을 들은 선조와 조정 대신들은 이여송의 공적을 치하하며 그를 위해 생사당生祠堂을 건립하기로 한다. 죽은 사람들 중 공로가 많은 사람을 위해 조정에서 사당을 건립하는 경우는 있어도 살아 있는 사람에게 사당을 만들어 주는 경우는 없었다. 더군다나 외국인을 위한 생사당 건립은 처음 있는 일이었다. 하지만 선조는 이여송의 생사당 건립이 당연하다며 그의 초상화와 신주를 만들고 비석을 세우게 했다. 심지어 명나라 총병

양원이 황제의 장수들은 기릴 필요가 없다고 했는데도 불구하고 선조와 조선 대신들은 명보다 더 호들갑을 떨었다. 결국 이여송의 생사당은 건립됐고, 명나라 병부상서 석성石星과 다른 장수들의 생사당까지 만들어졌다. 임진왜란을 극복하는 데 도움을 준 명나라 군대에 대한 고마움은 인정하지만, 이는 어디까지나 과한 행동이었다.

리퍼트 주한 미 대사 피습사건 이후 한국인들이 보여 준 과도한 애정 표현에 대해 국내외 언론사들이 '과공비례過恭非禮'라고 일제히 꼬집었다. 쾌유기원 촛불 문화제가 등장했고, 부채춤과 난타 공연이 벌어졌다. 대통령의 제부는 단식과 석고대죄를 했고, 특히 상가喪家에서 우상숭배라며 고인에게 절하지 않는 일부 종교인들이 미 대사를 향해 큰절을 올리는 모습은 적절한 행동으로 보기 어려웠다. 앞으로는 미국에 대해 우방으로서의 예의를 지키는 것과 대한민국 국민으로서 자존심을 지키는 것을 명확히 구분했으면 한다.

-2015.03.18

# 몽골 사신 피살사건

1225년 정월 함신진<sup>咸新鎭</sup>(평안북도 의주)을 거쳐 본국으로 돌아가던 몽골 사신 저고여<sup>著古與</sup>가 압록강 인근에서 피살되는 사건이 발생했다. 저고여는 칭기즈칸 휘하의 장군으로 고려에 파견됐던 인물인데, 당시 그를 살해한 용의자들이 고려군 옷을 입고 있었다는 증언에 따라 몽골에서는 자신들에 대한 도전으로 간주해 고려와 전쟁을 하기로 결정한다.

사실 저고여 피습 사건이 일어나기 전 고려와 몽골은 나름대로 우호적인 관계를 유지했다. 양국이 연합해 거란족의 근거지인 고려 동북 지방 강동성 공격을 추진했기 때문이다. 그리고 이를 계기로 몽골과 고려는 형제맹약의 국교까지 체결했다. 하지만 이는 잠시뿐 몽골제국은 강력한 군사력을 바탕으로 고려에 엄청난 세공<sup>歲貢</sup>을 요구한다. 함께 목숨을 걸고 싸운 연합국에 대한 예의를 저버린 것이다.

더구나 저고여는 고려에 올 때마다 국왕 고종<sup>高宗</sup>에게 횡포를 부렸다. 자신이 요구한 공물 가운데 몇 가지라도 마음에 들지 않으면 고종

앞에서 물건을 내던지고 욕을 하는 등 무례를 서슴지 않았다.

이 때문에 그는 고려 백성의 공분을 샀고, 본국으로 돌아가다가 피살되고 만 것이다. 당시 저고여를 고려인이 살해했다는 확실한 증거는 아무것도 없었다.

당시 정황으로 봤을 때 고려와 몽골 간 외교적 분쟁을 유도하기 위한 거란족의 음모일 수도 있다. 하지만 한 가지 확실한 것은 몽골 사신 피살 사건이 30여 년 동안 몽골 침입의 구실이 됐고, 이로 인한 고려의 피해가 상상할 수도 없을 정도로 컸다는 점이다.

지난 5일 리퍼트 주한 미국대사가 한·미 군사훈련을 반대하는 한 시민에게 피습당했다. 다행히 미국대사의 부상 정도가 크지 않아 며칠 만에 퇴원했지만 이 사안은 이념을 떠나 우리에게 큰 교훈을 준다. 어떠한 이유에서도 테러는 용인할 수 없다는 것이다. 그리고 리퍼트 대사 측의 의연한 대처 또한 우리에게 많은 것을 생각하게 한다. 다만 이를 정쟁으로 이용하려는 정치인들만 국민의 눈살을 찌푸리게 한다. 앞으로 한·미 양국이 냉정하고 현명한 판단으로 이번 사태를 마무리하고 동아시아 평화 체제를 위한 공동의 노력을 지속하기 바란다.

-2015.03.11

# 의기義妓
# 김향화

1919년 3월 만세 투쟁이 한창이던 어느 날 수원 자혜의원 앞으로 한 무리의 기녀들이 모여들었다. 일제가 그들에게 단체로 건강검진을 받으라는 명령을 통보했기 때문이다.

그런데 강제로 자혜의원에 모인 기녀들은 검진을 받는 대신 병원 입구에서 태극기를 꺼내 들고는 큰 소리로 "조선 독립 만세!"를 외치기 시작했다. 일본 관원들에게 기녀들이란 그저 노래나 부르고 춤을 추며 술을 따르는 천한 여인이라는 인식밖에 없을 때여서 당시 충격은 대단한 것이었다.

이날 만세 투쟁을 주도한 이는 22세밖에 안 된 김향화金香花였다. 그녀는 일제가 만든 『조선미인보감』에 수록될 정도로 갸름한 얼굴에 뛰어난 미모를 자랑했고 춤사위 역시 대단해 검무, 승무, 정재 등 못하는 것이 없었다. 또 탁성인 목청으로 창을 하면 구슬프기가 그지없어 여러 사람의 심금을 울렸다.

이처럼 김향화는 가무에 뛰어났던 여린 여성이었지만, 나라를 빼앗긴 슬픔과 고종의 어이없는 죽음이 그녀를 투사로 변모시켰다. 일제에 의해 고종이 독살됐다는 소문이 백성들에게 퍼지자 그녀는 가무를 중단하고 근신했다. 1919년 1월 27일에는 고종 장례에 맞춰 동료 기녀 20여 명과 함께 소복을 입고, 나무 비녀를 꽂은 채 짚신을 신고 서울로 올라가 덕수궁 대한문 앞에서 곡(哭)을 하고 오기도 했다. 그리고는 경찰서 군청 등 수원의 식민지 통치기구가 집중된 자혜의원 앞에서 만세 투쟁을 주도하다 일경에 구속됐다.

이번 주는 광복 70주년 및 3·1 만세 투쟁 95주년 삼일절이 있는 독립기념 주간이다. 나라를 되찾겠다고 기녀들까지 투쟁했기에 오늘날 우리는 해방된 조국에서 사는 것이다. 하지만 현실에서는 친일파와 그 후예들이 정·재계를 장악하고 반대로 독립지사들과 그 후손들은 가난과 무관심 속에서 살고 있다. 우리 우방이라는 미국의 국무차관까지 우리에게 일본의 죄악을 덮으라고 하니 참으로 기가 막힌 일이다. 역사를 바로 세우는 일은 그 무엇보다 중요하다. 그래야 우리가 미래로 나아갈 수 있다.

-2015.03.04

# 세종시대 어전회의

　　1425년(세종 7년) 7월 18일, 경복궁 근정전에서 어전회의가 개최되었다. 당시 동전을 제조하여 쌀과 면포棉布를 대신하는 화폐로 사용하게 하였는데 동전의 가치가 천해져 활성화되지 않았다. 왜 이런 일이 발생하였는지 여러 조사를 통해 경위를 파악한 세종은 조정에서 수시로 법을 바꾼 것이 주요 원인임을 파악하게 되었다. 그래서 어전회의에서 세종은 조정의 정책 혼선이 동전의 활성화를 이루지 못했다고 이야기하며 보다 근본적인 정책에 대한 토론을 제안하였다.

　　이때 동전 주조와 유통을 담당하는 호조참판 목진공睦進恭은 조정 관료들의 잘못도 분명 존재하지만 동전의 가치가 하락한 것은 민간에 동전이 너무 많이 퍼져나가 가치가 떨어진 것이라고 변명하였다. 국왕인 자신과 다른 의견을 냈음에도 세종은 오히려 "경의 말이 옳다"고 하면서 일단 그의 말을 칭찬하며 무안을 주지 않았다. 그리고 세종은 그가 생각하지 못한 문제의 본질을 이야기하고 신하들과 깊은 토론을 하여 마침내 동전 활성화 정책을 마련하였다.

세종은 자신을 비판하고 의견에 반대하는 신하라도 "그 뜻이 좋다" 혹은 "그 뜻이 아름답다"면서 그들의 말을 인정하고 격려하였다. 더불어 세종은 신하들과의 어전회의에서 자신과 의견이 다르다고 화를 내는 일이 없었다. 그리고 의견이 다른 신하들의 말을 끝까지 들음으로써 다른 사람의 입장을 이해하고, 경청하는 그 자체만으로도 반대자들의 마음을 얻는 경우가 많았다. 이러한 세종의 소통하는 모습으로 인해 신하들과 백성들은 국왕을 진심으로 존경하고 그와 더불어 백성을 위한 올바른 정책을 만들어낼 수 있었다.

오늘이 바로 박근혜 대통령의 취임 2년이 되는 날이다. 대통령의 취임 초기와 달리 지지율이 30%대로 떨어진 것은 바로 소통 부족 때문이다. 중앙부처의 관료들이 대통령과 청와대의 일방적인 지시 때문에 제대로 된 정책을 추진하지 못한다고 한다. 부디 박근혜 대통령은 취임 2주기를 맞이하여 '국민대통합'과 '경제 활성화'를 위해 세종대왕처럼 적극적인 소통과 대화를 하기 바란다. 그것이 진정 나라와 국민을 위하는 것이다.

-2015.02.25

# 홍대용의
# 중국인식

1766년(영조 42년) 2월의 어느 날, 조선의 사신단 일원으로 청나라 수도인 연경(베이징)을 방문한 홍대용洪大容은 청나라 학자인 엄성嚴誠·육비陸飛·반정균潘庭均 세 사람과 의형제를 맺는다. 이들이 홍대용의 학문적 수준과 인품을 높이 평가해 서로 형, 동생 하기를 자처했기 때문이다.

홍대용은 중화주의中華主義가 가득했던 사람으로 청나라를 세운 여진족을 우습게 여기는 대신 한족漢族 출신인 세 사람에 대해서는 아주 각별하게 대했다. 그리고 그들에게 여진족에 의해 없어진 중국의 전통문화를 조선이 간직하고 있다며 자랑했다.

당시 조선은 청나라의 제후국 수준이었지만 홍대용은 청나라에 대한 노골적 반감을 드러내며 황제를 알현하는 사신단의 공식적인 행사에 참여하지 않았다. 자금성 안을 들여다볼 수 있는 절호의 기회였지만 청 황제와 관리들에게 무릎을 꿇고 인사하기 싫었기 때문이다.

오죽했으면 그는 중원中原(한족 본래의 생활 영역)으로 들어가는 만리 장성의 산해관에서 호기롭게 시를 짓기도 했다. "간밤에 꿈을 꾸니 요 야遼野를 날아 건너 산해관 잠긴 문을 한 손으로 밀치도다!" 한 손으로 산해관 문을 밀치고 들어가 청나라로부터 받은 치욕을 갚아주겠다는 것이다.

그런 그가 의형제를 맺은 이들에게 정도를 넘어서는 소리를 했다. "조선이 중국과 다른 독자적인 언어를 쓰고 있어 너무도 미안하다"고 말이다. 개혁적인 실학자로 평가받는 홍대용이 우리글과 말에 대한 사용을 부끄럽게 생각했던 것으로 미뤄 당시 대다수 조선 지식인들이 중국에 대해 어떤 생각을 하고 있었을지 충분히 짐작된다.

'꼿꼿 장수'라는 별명을 가진 김장수 전 청와대 국토안보실장이 주 중 대사로 내정됐다고 한다. 꼿꼿 장수는 2007년 김정일 북한 국방위 원장과 악수하며 고개를 숙이지 않아 붙은 별명이다. 그는 안보 전문가 지만 외교 분야의 경험이 부족하다는 평가를 받고 있으며, 세월호 참 사에 대한 책임 회피 논란으로 경질된 적이 있다. 만약 주중 대사로 임 명된다면 부디 유연한 자세로 실리를 추구하는 외교관이 되기를 바란 다.

-2015.02.18

# 시인
# 윤동주 尹東柱

    민족지사 조만식 선생이 세운 평양 숭실학교에서 유학 중이던 윤동주는 1936년 3월, 가장 친한 벗 문익환과 함께 고향인 용정(중국 지린성 용정시)의 명동촌으로 돌아왔다. 일제가 모든 학생에게 모란봉 정상 부근에 있는 평양 신궁에 가서 참배하라고 명령했는데, 두 사람은 이를 거부하고 귀향한 것이다. 참배 강요는 일왕 히로히토가 둘째 아들을 낳았고 이를 축하하라는 의미였다.

    당시 명동촌 지도자였던 김약연 선생과 마을 사람들은 19세 두 청년에게 올바른 행동이었다며 칭찬과 격려를 아끼지 않았다. 이들에게 신사 참배란 상상할 수도 없는 일이었기 때문이다. '조선을 밝게 하라'는 뜻이 담긴 명동촌明東村은 1899년 김약연과 문익환 고조부인 문병규를 중심으로 4가구, 141명이 집단으로 이주해 구성된 특별한 마을이었다.

    이들이 간도로 이주한 데는 세 가지 목적이 있었다고 한다. 첫째, 옛 조상의 땅에 들어가 이를 되찾는다. 둘째, 북간도 넓은 땅을 이용해 이상촌을 건설한다. 셋째, 인재를 양성한다. 이런 민족의식을 지닌 명동촌에서 교육을 받은 윤동주가 신사 참배를 거부한 것은 너무도 당연한 일이었다. 게다가 윤동주는 평양 신궁에서 학교 여학생들이 아무 생각 없이 일본어로 이야기하고 노는 모습에 큰 충격을 받았다. 그는 당시 장면을 묘사하며 "허물어진 성터에서 철모르는 여아女兒들이 저도 모를 이국異國 말로 재잘대며 뜀을 뛰고……"라는 구절을 자기 시 한쪽에 남겨 놨다. 나라를 빼앗긴 것도 모자라 일제 세뇌교육으로 어린 여학생들이 일본어를 쓰고 있는 가슴 아픈 현실을 이야기한 것이다. 이런 경험을 통해 그는 민족 시인으로 새롭게 태어날 수 있었다.

오는 16일은 28세 나이로 일본 후쿠오카 형무소에서 생체실험을 받다가 세상을 떠난 시인이 서거한 지 70주년 되는 날이다. 한국뿐 아니라 몇몇 일본 문학인들이 그를 추모하고 윤동주 시비를 설치하는 모임도 발족할 예정이라니 그나마 다행이다. 하지만 이보다 더 중요한 것은 일본의 공식적인 사과와 자기반성이다. 하루속히 군국주의와 신사 참배를 버리고 일본이 새롭게 태어나길 기대한다.

−2015.02.11

# 영의정
## 이원익 李元翼

오리<sup>梧里</sup> 이원익<sup>李元翼</sup>(1547~1634)은 뛰어난 실무 능력과 강직한 원칙을 겸비해 조선 중기의 명재상으로 손꼽히는 인물이다. 그는 관료가 되면서 당쟁의 폐단을 막고 중립적으로 국정 운영에 참여했다. 광해군은 조선의 개혁을 위해서는 반드시 이원익 같은 인물이 필요하다고 판단해 자신이 즉위하자마자 그를 영의정에 임명했다.

영의정이 된 뒤 이원익은 가장 먼저 임진왜란으로 인한 피해 복구에 힘쓰며 백성의 부담을 경감시키기 위해 5월에 선혜청을 설치하여 경기도 지방에 대동법을 실시했다. 전쟁으로 온 나라가 피폐해진 당시에도 가진 자들은 세금을 내지 않고 가난한 백성들에게는 오히려 많은 세금이 부과됐는데, 이를 완화하는 정책을 쓴 것이다.

이원익은 임금에 대한 쓴소리도 아끼지 않았다. 광해군이 난폭해지자 그는 신변의 위험을 무릅쓰고 끊임없이 임금에게 간언했다. 여색을 줄이고, 형제간에 우애 있고, 대비에 대한 효행을 하며, 국가 재정을 절감하라는 조언을 수시로 한 것이다. 하지만 광해군이 이를 받아들이지 않자 그는 미련 없이 영의정을 그만두고 고향으로 내려갔으며, 영창대군의 어머니인 인목대비 폐출 움직임에 강력하게 반대하다 홍천과 여주로 유배를 가기도 했다. 그러나 그는 임금을 원망하지 않았다.

인조반정으로 정권이 바뀌어 다시 영의정에 임명된 이원익은 광해군을 죽이자는 여론에도 불구하고 이를 공개적으로 반대해 광해군을 살리기도 했다. 재상 출신임에도 은퇴 후 5칸짜리 초가집에 살았던 이원익에 대해 사관들은 "이원익은 강명하고 정직한 위인이며 청렴해 퇴직 이후에 백성들은 그가 재상이었음을 전혀 몰랐다"고 기술했다.

오는 9~10일 이완구 국무총리 후보자에 대한 국회 인사청문회가 열릴 예정이다. 그는 최근 불거진 자신과 차남의 병역기피 의혹에 대해 적극 해명한 반면, 분당의 땅과 강남의 타워팰리스 투기 논란에 대해서는 말을 아끼고 있다.

그가 만약 청문회를 통과하고 국무총리에 임명된다면 부디 이원익 같은 재상을 모델로 삼아 대통령에게 직언하고 여야 관계를 회복시키는 조정자가 되길 바란다.

-2015.02.04

# 애절양 哀切陽

1803년(순조 3년) 가을. 강진 관아에 행색이 초라한 한 여인이 피로 물든 작은 천을 들고 왔다. 그 여인은 관아 정문에 들어서자마자 미친 듯 소리치며 피로 물든 작은 천을 마당에 던졌다. 그 순간 작은 살점 하나가 튀어나왔다. 그것은 그녀 남편의 양물陽物이었다.

여인의 기구한 사연은 이렇다. 그녀는 얼마 전 시아버지가 돌아가셔서 상중이었는데 공교롭게도 3일 전에 아들을 낳았다. 그런데 마을 관리들이 남편뿐만 아니라 돌아가신 시아버지, 갓 태어난 아들에게도 세금인 군포軍布를 부과했다. 당시 군적에 오른 사람은 병역을 대신해 군포를 내야 했는데, 관리들이 세금을 많이 거둬들이기 위해 이미 죽은 사람과 갓난아이의 이름까지 군적에 올린 것이다.

이에 대해 그녀의 남편은 거칠게 항의했지만 관리들은 들은 체도 안 하며 오히려 세금 대신 마구간의 소를 끌고 가버렸다. 그러자 남편은 자신의 양물을 바라보고는 아내에게 "내가 이것 때문에 곤욕을 치르는 것 같소. 이제 나는 더 이상 남자가 아니니 나에게 군포를 부과하지 말라고 전하시오"라며 칼을 들고 자신의 양물을 잘라 버렸다. 그리고 여인은 이것을 수습해 관아로 찾아가 "출정 나간 지아비가 돌아오지 못하는 일은 있다 해도 사내가 (세금 때문에) 자기 양물을 잘랐단 소리는 들어본 적이 없다"며 목 놓아 울었다.

강진 유배 기간 중 이 일을 전해들은 다산 정약용은 "부호들은 일 년 내내 풍류나 즐기면서 쌀 한 톨, 비단 한 치 바치는 일 없는데 백성들에 대해서는 왜 그리도 차별일까?"라며 여인의 슬픈 이야기를 '애절양哀切陽'이란 시로 남겼다.

최근 담뱃세 인상에 이어 봉급자들의 연말정산 폭탄이 이어지고, 지난해 소득세법 개정 당시부터 증세를 목적으로 개정안이 설계됐다는 사실이 알려지면서 국민의 분노가 이만저만이 아니다. 당정이 뒤늦게 수습 대책을 발표했지만 국민의 분은 수그러들지 않고 있다. 일단 세금을 올린다는 분위기를 형성한 뒤 여론의 추이를 봐가며 세금을 올리거나 보완 대책을 내놓는 작금의 조세 정책은 조선시대에서 한 치도 발전하지 못한 것 같다.

-2015.01.28

# 정조<sup>正祖</sup>의
# 신년사

　1779년 1월 1일. 조선의 22대 국왕으로 등극해 즉위 3년이 되는 새해 첫날, 정조는 창덕궁 인정전에서 만조백관과 백성들에게 윤음<sup>綸音</sup>(국왕의 국정 의지를 담은 말)을 발표했다. 이날 정조는 "딱하게도 나의 백성들은 봄에 궁핍함이 갈수록 극심해 살아갈 방책이 아득하기만 한데. 거기다 갖가지 세금 독촉까지 있으니 여러모로 질고<sup>疾苦</sup>가 많다"며 위로했다. 그는 신년사로 자신을 미화하는 대신 백성들의 고통 받는 삶을 이야기한 것이다.

　정조는 당시 백성들의 현실을 정확히 알고 있었다. 봄이 되면 먹을거리가 없어 굶어죽는 백성들의 모습, 길쌈을 해서 옷감을 만들어도 정작 자신의 옷은 만들어 입을 수 없는 사람들, 갓 태어난 아이와 죽은 이들한테도 각종 세금을 부과하는 부패한 관리들의 현실을 정확히 알고 있었던 것이다. 하급 관리들이 농단을 부리며 정보를 차단하려 해도 정조는 군주로서 책임 의식을 가지고 백성들의 실제 삶을 정확하게 알기 위해 부단히 노력을 했다. 그리고 이를 바탕으로 그는 즉위 후 해마다 정월 초하루에 윤음을 발표하며 재위 24년 동안 백성과 사회를 안정시키기 위한 갖가지 개혁 방안을 제시했다. 이러한 노력 때문에 정조를 개혁군주, 그의 집권 시대를 '문예부흥의 시대'라고 평가하는 것이다.

박근혜 대통령이 취임 후 두 번째 가진 신년 기자회견 이후 과반수의 국민이 부정적인 평가를 내렸다고 한다. 온갖 의혹을 받고 있는 국정 운영에 대한 제대로 된 질문과 답변 하나 없었던 기자회견에 많은 국민이 등을 돌린 것이다. 또 국민이 원하는 소통과 개혁에 대해 대통령이 전혀 이해하지 못하고 있다는 반응을 보인 이들도 많다. 이로 인해 한 여론조사에서는 대통령 지지율이 35%대까지 떨어졌고, 그의 지지 기반인 영남에서마저도 지지 철회자가 늘고 있다고 했다.

박 대통령이 역사에 남을 지도자로 평가받고 싶다면 국민을 개조하려는 생각을 하지 말고 정조처럼 자신이 먼저 반성하고, 국민의 아픔을 위로하며 진정으로 원하는 정책이 무엇인지 파악해서 추진해야 할 것이다.

-2015.01.21

# 술 酒

　우리 민족이 즐겨 마시는 술은 거른 형태에 따라 청주淸酒(소주)와 탁주濁酒(막걸리)로 나뉜다. 이는 자연스럽게 고급 술과 대중 술로 나뉜다고 볼 수 있다. 옛사람들은 청성탁현淸聖濁賢이라며 청주를 '성인'聖人으로, 탁주를 '현인'賢人에 빗대어 표현했다.

　그런데 조선 초기 소주는 특정 계급인 양반들에게만 접근 가능한 기호품이었고, 사치스러운 고급주로 인식됐다. 소주를 발효시켜 증류하기 위해서는 곡식이 많이 필요했기 때문인데, 곡식 낭비 때문에 소주 제조를 금지시키자는 간언이 올라오기도 했다. 이런 이유로 영조는 오랜 기간 금주령을 내린 바 있다.

　퇴계 이황의 학통을 이은 정경세 역시 "술은 사람을 죽이는 독약이다. 아주 통렬하게 술을 끊어서 누룩이나 술잔, 술동이 따위를 일절 집안에 두지 말라"며 제자들에게 교육을 시켰다.

　반면 술의 효용을 인정하고 적절하게 활용한 정조는 기쁜 일이 있으면 신하들과 함께 흠뻑 취하는 술자리를 종종 마련했다. 그는 1792년 희정당에서 열린 연회에서 성균관 제술 시험의 합격자들에게 술과 음식을 내려주고는 "옛사람의 말에 술로 취하게 하고 그의 덕을 살펴본다고 했으니, 너희들은 모름지기 취하지 않으면 돌아가지 않는다는<sup>不醉</sup> <sup>無歸</sup> 뜻을 생각하고 각자 양껏 마시라"며 합격자들을 격려했다. 술에 대해 좋은 점과 나쁜 점을 동시에 평가한 이도 있다. 규장각 검서관 이덕무는 "술은 기형을 순환시키고<sup>導氣</sup>, 감정을 펴고<sup>布情</sup>, 예를 행하는<sup>行禮</sup> 세 가지 의의가 있다. 그러나 지나치게 많이 마셔 혼미한 지경에 이르면 인간의 도리를 해한다"며 긍정과 부정적 측면을 모두 지적했다.

담뱃값이 대폭 인상돼 서민 부담이 커졌는데, 최근 보건복지부가 공공장소 음주 금지와 함께 술에 대해 건강증진부담금을 부과하는 방안을 추진한다고 해서 논란이 일었다. 복지부는 술에 대한 세금 부과는 낭설이라며 공식 입장을 밝혔지만 인터넷과 SNS상에는 정부 정책을 불신하는 댓글이 늘어나고 있다. 쓰디 쓴 한잔 술로 세상의 시름을 덜어내는 서민들의 정서를 생각한다면 주세 인상은 신중하게 접근해야 할 것이다.

-2015.01.14

# 담배

담배가 처음 일본에서 우리 땅에 들어온 것은 1622년(광해군 14년). 이때 공식 이름은 남령초南靈草였다. '남쪽에서 들어온 신령스러운 풀'이란 뜻이다. 담배라는 말은 원래 '담바고'에서 나왔다. 고종 때 영의정을 지낸 이유원李裕元이 쓴 '임하필기'에 따르면 남쪽 오랑캐 나라南蠻國에 담파고淡婆姑라는 여인이 담질痰疾을 앓다가 남령초를 먹고 병이 낫자 그 여자 이름을 따서 담바고로 이름을 지었다고 한다.

예나 지금이나 담배에 대한 호불호는 존재했다. 조선 중기 문신이자 한문 4대가 중 한 명인 계곡 장유張維는 담배 애찬론자였다. 그가 담배를 너무 즐기자 그의 장인 김상용은 인조에게 건의해 담배 생산을 금지시킬 정도였다. 반면 장유와 동시대 인물인 택당 이식李植은 남령초가南靈草歌를 지어 담배로 인한 건강 훼손이 심하니 피우지 말라고 경고했다. 인조실록에 한 사관은 담배에 대해 "소화를 시키는 데 도움을 주지만 오래 피우면 간의 기운을 손상시켜 눈을 어둡게 한다. 오래 피운 자가 유해무익한 것을 알고 끊으려고 해도 끝내 끊지 못하니 '세상에서 요망한 풀'이라고 일컬어진다"고 했다.

하지만 담배가 일본에서 들어온 지 20여 년 만에 조선 양반들이나 평민들 대부분 담배를 피울 정도로 큰 인기를 끌었다. 백성들은 심지어 손님을 대할 때 차와 술로 대접하던 것을 담배로 대신하기도 했다. 그래서 담배를 '연다'煙茶(연기로 만든 차)라고도 불렀다. 또 조선 담배는 품질이 좋아 청나라 수도였던 선양에서 엄청난 인기를 끌었는데, 이 때문에 밀무역이 성행하고 청나라 고위 관리들까지 조선 담배를 피웠을 정도였다. 조선 담배는 품질과 맛에서 아시아 최고 수준이었던 것이다.

올해 1월 1일부터 담뱃값이 2000원 올라 한 갑에 4500원이 됐다. 서민들이 피우기에는 부담스러운 가격이 됐고 이로 인해 예전에 사라졌던 개비 담배까지 등장했다고 한다. 세금은 한번 올리면 내리기 어렵다. 부득이 담뱃값을 올렸다면 정부는 오른 세금을 가지고 국민을 위한 건강과 복지 증진을 위해 투명하게 사용하기 바란다. 그것이 애연가나 비흡연자 모두를 위한 길이다.

-2015.01.07

# 사면 赦免

1703년 7월, 숙종은 평안도 관찰사 이세재로부터 중요한 보고를 받는다. 평안도에서 은광을 관장하는 은점별장銀店別將 이욱이 무려 7000근의 은을 빼돌리고, 은광의 영고전營庫錢 4만 2500냥을 공적으로 활용하는 척하면서 모두 사적으로 빼돌렸다는 것이다. 이세재는 "지금 백성의 원성이 자자해 이욱에게 죄를 묻지 않으면 국가 기강에도 문제가 될 수 있으니 이욱을 사형시키고 목을 잘라 효시梟示해야 한다"고 주장했다.

하지만 당시 조정의 최고 권력기관인 의정부 대신들의 뜻은 달랐다. 비록 이욱이 은을 횡령하는 등 나쁜 짓을 저질렀지만, 군율을 적용해 사형에 처하는 것은 너무 과도하니 사면을 조건으로 그가 숨겨놓은 돈을 받아내자고 했던 것이다. 아마도 이욱이 은광 운용을 통해 조정의 고위 관리들에게 은밀히 뇌물을 주었던 모양이다. 사실 조선시대에 이처럼 국가 재산을 횡령한 관리들에게 사면을 해준 경우는 거의 없었다. 사면은 주로 자연재해로 인해 백성의 삶이 어려워질 때 사형죄인을 제외한 잡범들을 대상으로 실시했던 것이다. 그럼에도 불구하고 숙종은 의정부의 감형 요청에 따라 이욱을 사형하는 대신 섬으로 유배 보내고 그가 횡령한 돈을 돌려받기로 최종 결정했다. 이후 평안도를 직접 다녀온 예조판서 민진후는 "현지 백성이 조정의 감형 결정에 대해 매우 분노하고 있다"며 "이욱을 유배 조치한 것이 오히려 그를 평안하게 살게 하기 위한 꼼수라고 백성은 생각한다"고 보고했다. 그러나 숙종은 사형 감형을 번복하지는 않았다. 다만 이욱을 평안도 감영의 감옥에 가둔 후 그가 횡령한 모든 돈을 받아내 백성의 원성을 무마하는 데 그쳤다.

　최근 청와대와 여권에서 경제사범으로 복역 중인 재벌 총수들의 사면을 거론하고 있다. 경제를 살리는 것이 무엇보다 중요하다는 주장은 많은 사람이 공감한다. 그러나 사면이 경제 활성화로 직결될지는 확실치 않다. 경제에 도움만 된다면 과거의 잘못을 모두 덮을 수 있다는 사고가 가져올 재벌들의 도덕적 해이와 사회적 위화감도 고려해야 한다. 소통이 필요한 시대에 과연 여론은 어느 쪽을 바라고 있을까.

-2014.12.31

# 지록위마 指鹿爲馬

　　조선시대 최고의 개혁이라 평가받는 대동법을 만든 김육金堉이 오늘
날 검찰에 해당하는 사헌부의 지평으로 재직하던 1626년(인조 4년) 국
왕 인조에게 사직 상소를 올렸다. 동료 지평인 이경의가 당시 전횡을 일
삼던 김여추와 구굉의 잘못을 바로잡고, 그들을 조정에서 내치라는 상
소를 올렸는데 인조는 오히려 충언한 이경의만 나무랐다. 이에 김육은
국왕의 편협한 시각을 바로잡고 부당함을 알리기 위해 사직을 감행한
것이다.

　　김여추는 선조의 다섯째 아들 정원군(인조의 부친)의 묘소인 흥경원
興慶園을 김포의 명당 자리에 잡아준 봉표관이었다. 그는 풍수지리에 능
한 음관蔭官일 뿐이었는데, 정원군의 묏자리를 잡아준 인연 덕택에 인조
의 총애가 대단했다. 이후 김여추는 국왕의 총애를 믿고 조정의 인사에
간여했으며, 관리와 백성들에게 뇌물까지 받았다.

　　이러한 실상에 대해 이경의가 인조에게 낱낱이 간언한 것인데, 인
조의 외삼촌인 구굉은 김여추를 두둔했으며, 이에 인조는 오히려 이경

의를 '지록위마'指鹿爲馬하는 신하라며 호통쳤다. 그러자 이경의는 물러서지 않고 "예로부터 국난의 조짐은 귀척貴戚(임금의 인척)의 교만 방자함과 언로言路가 막히는 데에서부터 빚어졌다"며 인조의 잘못된 행동에 대해 조목조목 비판했다.

그럼에도 불구하고 인조는 김여추를 내치기는커녕 정3품의 당상관까지 승진시켰다. 당시 사관은 "(인조의 행동은) 공의公議를 억누르고 국왕의 총애하는 측근을 신임하려는 것에 가까운 일이 아닌가. 서리를 밟으면 곧 얼음이 얼게 되는 법인데, 아! 그 조짐이 두렵다"고 했다. 결국 사관의 예언대로 인조의 무능한 정치 때문에 정묘호란과 병자호란이 연이어 발생해 나라는 패망하고 백성들은 도탄에 빠지게 됐다.

지난주 교수신문에서 2014년 한 해를 평가하는 고사성어로 '지록위마'를 선정했다. 이를 선택한 교수들은 "온갖 거짓이 진실인 양 우리 사회를 강타했다. 세월호 참사, 정윤회의 국정 개입 건 등을 보면 정부가 사건 본질을 호도하고 있다"고 비판했다. 내년에는 이런 부끄러운 고사성어가 등장하지 않기를 진심으로 기원한다.

-2014.12.24

# 명문거족
# 조지빈의 횡포

  1725년(영조 1년) 4월 사헌부 장령 이의천이 홍문관 교리(정5품)를 맡고 있던 조지빈을 탄핵했다. 그의 행패가 너무도 심해 용서할 수 없었기 때문이다. 조지빈은 당시 실권자였던 우의정 조태억의 아들이자, 예조판서를 지낸 이조李肇의 사위였는데, 영조의 총애까지 받고 있던 터라 안하무인의 행동을 하기 일쑤였다.

  일례로 조정에서 사치를 막기 위해 여인들의 복장을 단속한 적이 있는데, 당시 사헌부에서 근무하던 조지빈은 도성의 여인들이 단속에 걸리면 자신의 집에 가둔 다음 밤새 희롱하다가 뒤늦게 풀어주는 일이 다반사였다. 또 마을에서 예쁜 복식을 하고 지나가는 처녀들을 보면 무뢰배들을 시켜 여인의 옷을 모조리 벗기게 한 다음 희롱하기도 했다.
  당시 백성들은 이러한 행동을 일삼는 조지빈을 조대당趙大儻이라고 부르며 그를 피해 다녔다. '대당'이란 '아주 나쁜 망나니'란 뜻이었다.
  조지빈의 무뢰는 이것으로 그치지 않았다. 경종 대에 왕세제인 영조의 대리청정을 주장하다가 사형당한 우홍규라는 무신이 있었는데, 미인이었던 그의 두 딸이 역적의 딸이 돼 강원도 횡성의 관노가 됐다. 이

때 조지빈이 횡성수령에 부임해 우홍규의 큰딸을 겁탈했다. 그 일 이후 큰딸은 동생과 함께 스스로 목숨을 끊었다.

하지만 무소불위의 권력을 행사하던 조지빈도 처절한 인과응보의 대가를 치르게 된다. 조지빈의 딸이 소론의 영수인 좌의정 유봉휘의 아들 유동휘에게 시집갔는데, 조정의 권력이 노론으로 바뀌자 가족 전체가 역적으로 몰리게 됐고, 조지빈의 딸은 관군의 추적을 당하다 자신의 자녀 둘을 찔러 죽이고 자결하고 만 것이다.

갑질횡포 논란을 일으킨 대한항공 전 부사장 사태는 고생 없이 자란 우리나라 재벌 3~4세들의 한 단면을 보는 것 같아 씁쓸하다. 부모가 피땀 흘려 이룬 재력과 권력을 자신들의 것으로 착각하고 직원들을 하인 부리듯이 한 작태는 분명 백 번 비난받아 마땅하다. 이번 기회에 재벌가들이 자녀들에게 겸손함과 제대로 된 리더십을 가르쳐 우리 사회에 더 이상 '갑질'이라는 용어가 나오지 않기를 바란다.

-2014.12.17

# 무녀
# 진령군 眞靈君

　　1882년 임오군란이 발생하자 분노한 군인들은 자신들을 차별한 중전 민씨(명성황후)를 죽이기 위해 경복궁으로 쳐들어갔다. 이때 중전은 상궁으로 위장하고 시위 무관 홍계훈 등에 업혀 탈출을 감행해 장호원으로 도망갔다. 얼마 후 중전에게 한 무녀巫女가 찾아왔다. 그녀의 꿈에 신령님이 나타나 중전이 장호원에 있다고 알려 주었다는 것이다. 이에 깜짝 놀란 중전은 무녀에게 "궁전으로 돌아갈 수 있겠느냐"고 물었다. 무녀는 "지금은 때가 아니니 몇 달 후에 돌아갈 것입니다"라고 예언했다.

　　권력을 장악했던 흥선 대원군이 위안스카이袁世凱의 모략으로 베이징으로 끌려가자 중전 민씨는 화려하게 한양으로 복귀했다. 무녀가 예언한 바로 그날 환궁하게 되자 중전은 무녀를 데리고 궁으로 들어갔다. 이후 중전이 무슨 질병을 앓고 있을 때마다 무녀가 손으로 아픈 곳을 어루만지면 그 증세가 사라졌다. 이 일로 인해 무녀는 더욱더 총애를 받았으며, 중전은 그 무녀 말이라면 무조건 들었다. 일례로 어느 날 무녀가 자기는 관우 딸이라고 하면서 관우 사당인 관왕묘關王廟를 건립하자고 청했다. 이에 중전은 즉각 관왕묘를 짓고, 그녀를 진령군眞靈君으로 봉했으며, 엄청난 재물까지 하사했다. 무녀가 봉군을 받은 조선 최초 사건이었다.

진령군이 된 무녀는 관우 복장을 하고 다니면서 자신을 신비화했고, 국정에 두루 간여했다. 그녀의 말에 따라 관리와 장수들이 새로 임명되기도 하고 하루아침에 파직되기도 했다. 더욱 놀라운 것은 진령군 아들 김창렬이 조정 대관들과 같은 반열에 올라 조정의 숨은 실세로 활약하게 됐고, 그의 위세가 날로 커졌다는 것이다. 이를 의식한 탓인지 조정 고위 관리들은 진령군과 남매를 맺기도 하고, 심지어 의자義子가 되기도 하는 등 촌극이 빚어졌다. 그렇게 진령군 모자로 인해 나라는 더욱 망가져 갔고, 고종과 중전 민씨는 정치적 악수만 두게 됐다.

요즘 치솟는 세금과 늘어나는 가계 빚 때문에 국민은 고통에 빠져 허덕이고 있는데도 각종 추문이 끊이지 않고 있는 걸 보면 드러난 실세든 숨은 실세든 대통령에게 조언하는 이가 분명 훈수를 잘못하고 있다는 것을 잘 알 수 있다.

-2014.12.10

# 내시
# 박한종

　조선 13대 국왕 명종이 즉위하고 난 뒤 여름에는 덥지 않고 겨울에는 춥지 않은 등 나라의 일기가 계속 좋지 않았고, 자연히 흉년이 들어 백성들은 고통에 빠졌다.

　당시 명종의 교육을 담당하던 경연검토관 박민헌은 명종에게 "천기天氣가 불순한 것은 국왕의 모후인 문정왕후가 수렴청정하고 내시인 박한종이 득세해 음陰이 양陽을 침범했기 때문"이라고 간언했다. 그런데 이 말을 한 박민헌은 오히려 파직됐으며, 박한종은 더 기세등등했다.

　박한종은 원래 인종의 식사를 책임지던 내시였다. 그런데 인종의 병세가 깊어 회복될 가망이 없게 되자 국왕을 모시는 시위내시를 그만두고 대왕대비인 문정왕후 전으로 자리를 옮겨 그녀의 명을 전하는 승전내시가 됐다. 그는 중종의 장자인 인종의 병세를 문정왕후에게 자세히 전해주었고, 그녀는 이러한 정보를 바탕으로 자신의 아들인 경원대군을 국왕으로 만들었다. 그가 바로 명종이다. 명종의 즉위로 박한종은 3등 공신에 책봉되며 밀성군密城君에 봉군됐다. 조선시대에 내시가 봉군되는 경우는 거의 없을 정도로 파격적인 결정이었다.

이후 수렴청정으로 권력을 장악한 문정왕후는 인종의 외삼촌인 윤임을 역모죄로 엮어 사형에 처했다. 이를 '을사사화'乙巳士禍라고 하는데 이는 다 박한종이 조작해 만들어진 사건이었다. 정승판서의 권력을 능가했던 박한종이 죽고 나서 사관은 『명종실록』에 이렇게 적었다. "박한종이 후한 은총을 받아 부귀로 일생을 마쳤으니 그에게는 다행이지만, 국가로서는 큰 불행이다."

최근 청와대에서 유출된 것으로 보도된 감찰 문건에서 '십상시'十常侍라고 표현된 인물들의 역할이나 권한이 박한종을 떠올리게 한다. 이들이 청와대 핵심 정보를 민간인에게 지속적으로 제공했다는 의혹은 사실 여하를 떠나 큰 관심을 불러일으킨다. 문건에는 마치 청와대가 검찰 인사를 좌지우지하는 듯 '검찰 다잡기'란 표현까지 사용돼 있어 검찰이 어떤 수사 결과를 내놓든 국민이 색안경을 끼고 바라보게 될 것 같아 안타깝다.

-2014.12.03

# 관찰사의 인사

영조 때 소론의 영수로 영의정까지 역임했던 이광좌는 약관의 나이인 스무 살에 별시문과에서 장원급제했다. 조선시대에는 과거 공부를 시작해 문과에 합격하는 평균 기간이 보통 20년 정도 걸렸는데, 약관의 나이에 장원급제했으니 가히 천재라 불릴 만했다.

승승장구하던 그는 34세에 전라도 관찰사로 부임하게 됐다. 하지만 관찰사가 되기에는 너무도 이른 나이였다. 그래서 그는 숙종에게 관찰사의 체통을 높여달라고 청하며 그 방법으로 관찰사가 앉아서 수령들의 절을 받을 수 있게 해달라고 했다. 그 이전에는 수령들이 절을 할 때 관찰사도 같이 맞절을 했다. 이광좌를 총애하던 숙종은 그의 요청을 받아들였고, 마침내 관찰사가 앉아서 수령의 절을 일방적으로 받는 것이 8도의 규칙이 됐다.

당시 능주목사 이익저는 이광좌 부친의 친구였는데, 이광좌는 이익저가 인사를 할 때도 일어나거나 답례를 하지 않고 앉아서 그의 절만 받았다. 그러자 이익저는 친구의 아들에게 모욕을 받았다고 판단해 심하게 욕을 하며 관모를 부수고 관직을 버렸다. 그래서 세상 사람들은 모두 이광좌의 거만함을 비난했다.

하지만 이 일을 비난했던 많은 관료들 역시 자신들이 관찰사가 되자 똑같이 행동하며 수령들의 절을 받았다. 심지어 지방의 군대를 책임지는 병마절도사와 수군절도사들도 관찰사처럼 군영의 장군들이 절을 할 때 맞절을 하지 않고 앉아서 상대방의 절만 받기 시작했다.

이상한 인사법을 만들어 내 세인들의 원망을 받았던 이광좌는 결국 당쟁으로 누명을 쓰고 단식하다가 죽음을 맞이했다.

최근 여야에서 세비 동결, 출판기념회 금지, 무노동 무임금, 불체포 특권 제한 등 정당 개혁에 대한 다양한 방안을 쏟아내고 있지만, 번번이 이를 반대하는 세력들 때문에 혁신이 이뤄지지 못하고 있다.

우리 사회가 화합과 발전을 이뤄내기 위해서는 정치인들의 청렴성과 투명성, 자신의 몸을 스스로 낮추는 자세가 수반돼야 할 것이다. 그렇지 않으면 반드시 그 화가 본인들은 물론 온 국민에게 미칠 것이다.

-2014.11.26

# 조선과 명<sup>明</sup>의 말 무역

1401년(태종 1) 9월 15일. 명나라 사신 송호<sup>宋篙</sup>와 왕함<sup>王咸</sup> 등 4인이 조선 조정에 말 1만 필을 팔라고 요구했다. 이들은 말 값으로 무명 9만 필과 약재를 가져왔는데, 이는 당시 조선의 말 6480필밖에 안 되는 금액이었다.

명나라가 갑작스럽게 조선에 말을 팔라고 요구한 것은 명에 대한 태종의 과잉 충성 때문이었다. 자신의 형 정종을 폐위시키고 조선의 국왕이 된 태종은 하루라도 빨리 명으로부터 국왕 책봉을 받기 위해 그들이 요구하지도 않은 말을 3500필이나 거저 보냈다. 아버지 이성계가 명나라 주원장으로부터 국왕 책봉을 받지 못해 힘겨워하는 모습을 지켜봤던 그는 명으로 가는 사신을 통해 수시로 말을 보냈고 이를 통해 국왕 책봉이 앞당겨질 것으로 기대했던 것이다.

그동안 명나라에 많은 말을 내주었던 조선은 당장 3000필의 말도 구할 수 없는 상황이었다. 하지만 명의 강압적 요구에 조선은 목장에서 기르는 말을 거두다 못해 집집마다 뒤져 백성들의 말을 빼앗았다. 당시 왜구가 남해안에 자주 출몰해 나라를 지키기 위해서라도 말은 절대적으로 필요한 물품이었는데, 국왕 책봉에 혈안이 된 태종은 백성들의 안전은 안중에도 없었던 것이다.

더욱 어처구니없는 것은 명나라 사신들이 조선의 말을 순순히 받은 것이 아니라 뇌물을 주지 않으면 말을 퇴짜놓기까지 했다는 사실이다. 이런 과정이 되풀이되자 조선의 말은 씨가 말랐고, 그제야 명의 요구는 그쳤다.

얼마 전 한·중 자유무역협정FTA이 타결됐다. 30개월 만에 타결된 한·중 FTA에 대해 정부는 자화자찬 일색이지만 우려의 목소리도 만만치 않다.

특히 IT 쪽에서 강세를 보이던 한국 제품들이 최근 중국의 저가 제품에 고전하고 있는 상황에서 정부는 FTA 득실을 분명히 따져봐야 할 것이다. 그리고 FTA가 실제로 발효되는 내년에는 우리나라가 실질적인 이익을 가져올 수 있도록 최선을 다하길 당부한다. 그렇지 않으면 조선 초기에 벌어졌던 명과의 불공정 무역이 우리 눈앞에서 재현될 수도 있다.

-2014.11.19

# 연행사<sup>燕行使</sup> 억류 사건

1747년(영조 23년) 늦가을, 조선의 동지사행단<sup>冬至使行團</sup>이 연경<sup>燕京</sup>(지금의 베이징)을 향해 출발했다. 그런데 이들이 머물던 심양 인근에서 도둑이 들었다. 30여 명의 관리와 이들을 수행하는 사람까지 합쳐 300여 명의 사행단 무리에 도둑이 든 것은 흔치 않은 일이었다.

사행단의 하급 서리가 연경에서 사용할 은<sup>銀</sup>이 없어졌다는 것을 알고 근처의 민가를 수색하다 도둑을 붙잡았는데 청나라 사람이었다. 이에 동지정사로 임명된 이무<sup>李懋</sup>는 부사 이철보와 상의해 심양으로 도둑을 압송해 그를 심문하고자 했다. 하지만 막상 심양에 가서 자초지종을 이야기하니 청나라 관리들은 오히려 "조선인들이 스스로 간사한 짓을 하고 청나라 사람에게 은을 훔쳤다는 누명을 씌웠다"며 역으로 사행단을 공격했다.

당시 청나라는 압록강 너머 봉황성 인근의 망우초 지역 일대에 조선인들이 거주하는 것에 상당한 불만이 있었다. 만주 지역에 조선인들이 늘어나면 자연스럽게 만리장성의 동쪽 끝인 산해관 인근까지 조선의 국경이 확대될 것으로 판단했기 때문이다. 청 관리들은 이런 점을 의식해 의도적으로 사행단을 억류한 것이다. 결국 조선 사행단은 중국 수도인 연경까지 가보지도 못하고 심양에 붙잡혀 있게 됐다.

청나라의 말도 안 되는 억지에 양국 외교 관계는 급랭했고, 조선에서는 청나라에 대한 반발 기류가 더욱 커졌다. 조선과의 외교 분쟁이 부담스러웠는지 청나라는 이듬해 3월 건륭제의 황후가 죽자 이를 구실로 조선 사행단의 억류를 풀었다. 그리고 이후 조선과 청은 다시 정치와 경제, 문화 교류를 이어 나갔다.

최근 북한이 간첩으로 활동했다고 억류했던 미국인 2명을 석방했다. 이로 인해 북한은 북·미 간의 관계를 개선하고, 국제적 여론의 흐름을 바꿔놓으려는 것으로 보인다. 국제사회에서 고립되지 않으려고 노력하는 북측의 노력이 그나마 다행이라는 생각이 든다. 북한이 미국뿐 아니라 하루속히 우리와 고위급 회담을 재개하고 억류된 김정욱 선교사를 석방해 남북 관계가 발전적으로 개선되기를 기대해본다.

-2014.11.12

# 우금치 牛禁峙
# 전투

1894년 10월. 전주에서 삼례로 동학군을 이끌고 진격한 전봉준은 한양으로 올라갈 것을 결심했다. 청일전쟁에서 승리한 일본군의 압력으로 조선이 풍전등화의 위기에 처했다고 생각했기 때문이다.

그는 삼례에서 동학군 전체를 모은 뒤, 공주를 넘어 수원으로 진격하고 마침내 서울로 가서 일본군과 최후의 대결을 벌이기로 했다. 그리고 한 달 뒤 논산에서 손병희의 군대 2만여 명과 합류한 전봉준은 공주로 진격하기 위해 주미산의 우금치牛禁峙 고개로 향했다. 계룡산 자락인 주미산의 우금치는 '소가 넘어가기 힘든 고개'라는 이름이 붙어 있을 정도로 험준한 고개였다.

하지만 전봉준과 손병희의 군대가 우금치에 도착했을 때 일본군과 관군이 먼저 고개 정상에 포진하고 있었다. 그것은 고종과 조정대신들이 자신들의 권력을 유지하기 위해 청일전쟁에서 승리한 일본군에게 동학군을 무찔러 달라는 요청을 했기 때문이었다. 더구나 동학군은 동학농민전쟁의 주역 중 한 명인 김개남의 군대를 기다리다 그가 끝내 오지 않자 뒤늦게 우금치로 향해 고지를 선점당했다. 예상치 못한 외부 원조와 내부 분열이 조선의 운명을 건 승부에 악영향을 주게 된 것이다.

신식 무기로 무장한 일본군의 화력은 대단했다. 동학농민군의 총은 심지에 불을 붙여 쓰는 화승총으로 사정거리가 100보에 불과하고, 분당 2발을 발사하는 수준이었다. 그마저도 갖지 못한 사람은 죽창으로 싸워야만 했다. 그에 반해 일본군은 사정거리만 400~500보가 넘고 분당 12발을 쏠 수 있는 소총에다 막강한 화력의 미국제 개틀링 기관포까지 보유하고 있었다. 결국 우금치 전투는 동학군의 처절한 패배로 끝났고 동학농민전쟁은 막을 내렸다.

올해는 동학농민전쟁 120주년이 되는 해이다. 그리고 11월은 동학농민전쟁의 마지막 전투가 치열하게 전개된 시기이기도 하다. '척양척왜'斥洋斥倭 '보국안민'輔國安民의 기치를 들고 나라를 구하기 위해 목숨을 바쳤던 그들의 정신을 우리는 꼭 기억해야 할 것이다.

-2014.11.05

# 이순신과
# 전시작전권

　1598년(선조 31년) 임진왜란을 일으킨 도요토미 히데요시豊臣秀吉가 죽었다는 소식이 조선에 전해졌다. 이순신은 이를 계기로 조선 땅에 남은 단 한 명의 왜군도 일본으로 살아서 건너가지 못하게 하려고 했다.

　하지만 이순신의 이런 계획은 물거품이 될 위기에 처했다. 당시 선조가 명나라에 전시작전권을 넘겼기 때문에 명 군대가 끊임없이 조선 수군을 방해했던 것이다. 실제로 고니시 유키나가小西行長의 부대가 일본으로 돌아가려다 조선 군대의 공격으로 곤경에 처하게 되자 명나라 수군 대장 진린陳璘은 일본 측으로부터 뇌물을 받고는 통신선 1척을 빠져나가게 도와줬다. 이후 자국 수군의 어려움을 알게 된 일본은 500여 척의 함대를 끌고 노량으로 진격해 당시 200여 척밖에 없던 조명연합군을 위기에 빠뜨린다. 이뿐만이 아니다. 진린은 무소불위의 권력으로 선조 앞에서 조선의 수령을 구타하는 무례한 짓을 저질렀으나 임금은 물론 조선의 신하들 모두 잠자코 지켜볼 수밖에 없었다.

　이런 상황에 참담함을 느낀 이순신은 진린과의 담판을 통해 노량해전의 작전권을 되찾아왔고, 직접 조명연합군을 지휘하게 된다. 그리고 이순신은 선제공격만이 승리할 수 있다고 판단, 수적으로 열세였던 연합군의 함대를 지휘해 노량으로 들어온 일본 수군을 기습했고, 조선의 마지막 해전을 승리로 이끌었다. 이는 자국의 전시작전권이 과연 어디에 있어야 하는지 분명히 보여주는 사례라고 할 수 있다.

최근 워싱턴에서 열린 '제46차 안보협의회'에서 전시작전권 반환이 무기한 연기됐다는 소식이 전해져 많은 국민을 실망에 빠뜨렸다. 2006년 우리 정부가 미국을 설득해 2012년 4월 반환받기로 했던 전시작전권을 준비가 부족하다는 이유로 이명박 정부 때 2015년 12월로 연기했고, 박근혜 대통령도 후보 시절 이를 지키겠다고 공언했는데, 이제 와서 손바닥 뒤집듯이 뒤집은 것이다. 당리당략을 떠나 정부가 국민과 한 약속은 반드시 지켜야 한다. 전시작전권을 남의 나라에 넘기고 말로만 '자주국방'을 외치는 것은 주권을 포기한 것이나 다름없다.

−2014.10.29

# 김약연과
# 안중근

1907년 7월. 뜨거운 여름이었지만 한반도는 일제에 의해 외교권이 박탈당하고 군대까지 해산돼 얼어붙은 땅이 됐다. 군대가 해산되자 청년 안중근은 국외에서 의병 부대를 일으키는 것이 더 낫다고 생각했다. 하지만 그가 다니던 성당의 빌렘J. Wihelm 신부는 정교正教 분리의 원칙을 내세우며 "조선의 힘으로는 강력한 일본을 막아낼 수 없다"며 항일 운동을 하겠다는 안중근을 말렸다.

그런 와중에 어느 날 도인의 풍모를 지닌 한 사람이 그를 찾아왔다. 자신을 '김진사'라고 소개한 뒤 안중근의 부친인 안태훈과도 깊은 인연이 있다고 했다. 그리고는 "그대의 기개를 가지고 지금 이같이 나라 정세가 위태롭게 된 때에 어찌 가만히 앉아서 죽기만을 기다리려 하는가? 간도와 연해주는 조선인 100만명이 살고 있고 물산이 풍부하니 그곳으로 가라"고 말한 뒤 사라졌다. 이 일을 계기로 안중근은 간도와 연해주로 가서 독립운동에 투신하기로 결정한다.

간도는 동북 지역 백성들이 척박한 땅을 개간해 새로운 삶의 터전을 이룬 곳으로 항일 정신이 투철했던 곳이다. 안중근은 당시 간도에서 이름을 널리 떨치며 독립운동을 하던 김약연金躍淵(1868~1942)이라는 사람을 찾았다. 시인 윤동주의 외삼촌이기도 했던 그는 민족교육의 요람 명동학교를 만들어 독립운동을 고취시키며 명성이 자자했기에 안중근은 그에게 도움을 청하기로 했던 것이다.

김약연의 얼굴도 모른 채 소문만 듣고 간도를 찾아간 안중근은 깜짝 놀랐다. 김약연은 바로 얼마 전에 자신이 만났던 김진사였기 때문이다. 안중근은 그 자리에서 조선 통감 이토 히로부미를 저격할 계획에 대해 이야기했고, 김약연은 그의 어깨를 감싸 안고 "조선의 미래가 청년에게 달려 있다"고 격려하며 총과 탄환, 군자금 등을 마련해 줬다. 참으로 깊은 인연이 아닐 수 없다.

오는 26일은 안중근 의사가 이토 히로부미를 저격한 지 105년이 되는 날이다. 우리 국민이 이날만큼이라도 안중근 의사의 나라사랑 정신을 제대로 인식하고, 그가 주창했던 동양평화론의 참의미를 되새겼으면 한다.

-2014.10.22

# 괘서 掛書

　1755년(영조 31년) 2월 11일, 나주에 유배 중이던 윤지尹志가 금부도사에게 체포됐다. 나주 객사에 조정을 비방하는 괘서掛書(익명으로 거는 글)를 붙였기 때문이다. 1월 초 괘서가 붙었을 때만 해도 영조는 이인좌의 난을 일으킨 잔당들이 올린 것이라 생각하고 대범하게 넘어가려고 했다.

　하지만 '간신이 조정에 가득해 백성들의 삶이 도탄에 빠졌다'는 내용을 담은 이 괘서가 조정의 관료뿐 아니라 자신의 치세 전반을 부정하는 것이라는 판단이 들자 영조는 더 이상 윤지를 용서할 수 없었다. 특히 형인 경종을 죽이고 왕이 됐다는 유언비어에 영조는 더욱 분개했다. 국왕 즉위 후 30년 동안 오로지 백성만을 위해 일을 한다고 자부했던 영조는 괘서 하나 때문에 자신의 삶 전체가 송두리째 부정되는 느낌을 받았다.

　1724년 영조가 즉위할 당시 노론이 등장하면서 김일경의 옥사를 일으켜 대대적으로 소론 일파를 처단한다. 이 사건에 연루돼 윤지의 아버지인 훈련대장 윤취상은 고문으로 죽고, 윤지는 제주도를 거쳐 나주에 유배당하고 있던 것인데, 이런 원한 때문에 윤지는 나주의 객사에 조정과 국왕을 비방하는 괘서를 붙였던 것이다. 결국 윤지는 서울로 압송돼 처형당하고 소론은 다시 한 번 큰 타격을 입게 됐다. 그리고 영조가 추구하던 탕평정치는 일거에 와해되고 노론 중심의 정국으로 완전히 전환된다. 한 개인의 원한에서 비롯된 괘서 한 장이 영조의 탕평책을 무너뜨린 것이다. 결국 그 피해는 고스란히 백성 전체에 돌아가게 됐다.

최근 우리나라 민간단체가 연천에서 띄워 올린 대북 풍선(전단)에 대해 북측에서 총을 발사하고, 우리 군도 이에 대응사격을 하는 등 국민을 불안하게 한 바 있다. 물론 대북 전단을 살포하는 민간단체들의 생각을 모르는 바는 아니지만 아시안게임 이후 화해 모드를 조성하고 있는 남북 관계가 오히려 악화될 수 있다는 점에서 민간단체들이 조금만 더 신중한 행동을 해주길 바란다. 북한 주민들을 계도하기 위한 전단 한 장이 영조 때처럼 예상치 못한 결과를 가져올 수도 있기 때문이다.

-2014.10.15

# 김유신의
# 축구

흔희들 축구가 근대 서양에서 들어온 운동이라고 생각하지만, 사실 축구는 삼국시대 때부터 행해지던 운동이었다. 고구려는 물론이고, 특히 신라에서는 화랑들의 빼놓을 수 없는 놀이자 운동이었다. 당시에는 꿩의 깃털을 꽂은 가죽 공을 차는 이 놀이를 '축국'蹴鞠이라고 불렀다.

조선후기 실학자인 이익은 『성호사설』을 저술하면서 『북몽쇄록』을 인용해 당 황제인 희종僖宗이 축구를 얼마나 좋아했는지 밝혔다. 희종은 진사를 뽑는 과거 시험에서 문장이나 경전 암송 대신 축구 실력으로 인재를 뽑을 정도였다고 한다. 그리고 이렇게 뽑힌 진사를 보타진사步打進士라고 했다.

당나라 황제마저도 사랑하고 즐기는 운동이 축구였으니 당과 문화 교류가 왕성했던 신라에 축구가 전파된 것은 당연한 일이었다.

『삼국사기』 '기이' 편에는 신라 화랑의 우두머리였던 김유신과 김춘추의 축구 이야기가 나온다. 김유신과 김춘추는 낭도들과 함께 신라 왕성인 월성月城 앞 첨성대와 재매정 사이의 공터에서 축구를 했다. 운동 중 김유신은 김춘추의 옷자락을 밟아 옷이 찢어졌는데, 김유신은 그걸 꿰매준다는 핑계로 김춘추를 자신의 집으로 데려갔고, 그곳에서 여동생 문희를 소개해주었다. 그리고 그 인연으로 김춘추와 문희는 결혼을 하게 됐고, 이 혼인을 바탕으로 삼국을 통일하는 초석이 마련된 것이다.

이처럼 당시에도 축구는 단순히 운동만이 아닌 고도의 정치적 수단이기도 했다. 2014 인천아시안게임에서 남남북녀南男北女가 축구 우승을 차지했다. 온 국민은 모처럼 치러진 남북 대결을 바라보며 가슴을 졸이기도 했고, 결과에 환호하고 서로를 격려하기도 했다. 그리고 북한 고위급 인사들이 폐막식에 방문해 축구 경기를 덕담으로 남북화해 분위기를 조성하는 모습을 보였다.

과거에도 축구가 삼국통일의 기반이었듯이 축구를 통한 남북화해의 제스처가 한반도의 평화통일로 이뤄지길 간절히 기대해본다. 이를 위해 서울과 평양에서 열리던 경평축구京平蹴球도 속히 부활했으면 한다.

-2014.10.08

# 궁녀 추행

현종 때 왕비전에서 차를 나르던 궁녀 귀례는 소스라치게 놀랐다. 병중에 있는 왕비를 문안하러 온 복평군福平君이 갑자기 자신의 손목을 잡았기 때문이다. 자신이 아무리 미천한 직분이라 하더라도 궁녀들은 모두 국왕의 여인이며, 국왕 외에는 함부로 궁녀들에게 손을 댈 수 없었기 때문에 그녀의 놀라움은 더욱 컸다.

복평군은 인조의 셋째아들인 인평대군의 자식으로 복창군福昌君, 복선군福善君과 함께 흔히 3복福이라 불렸다. 이들은 효종 시절 왕의 조카로서 지극한 사랑을 받았다. 현종 대에는 왕의 종형제로서 더욱 두터운 신임을 얻어 궁중 출입 또한 매우 자유로웠다.

애초부터 복평군은 귀례를 마음에 두고 궁중에 들어가 끊임없이 차를 직접 가져오라고 명령하고 그녀의 손을 잡고 희롱했다. 귀례는 그때마다 복평군의 손을 뿌리쳤지만, 그의 위세 때문에 번번이 괴로움을 당해야만 했다. 그리고 급기야 어두운 밤에 창덕궁 회상전 복도에서 성폭행을 당하고 말았다. 그의 동생인 복선군 역시 궁궐에서 상업이라는 궁녀를 추행하고 임신까지 시켰다. 더구나 당시는 효종의 왕비인 인선왕후의 국상國喪 때였다.

복평군 형제들은 무소불위의 권력을 휘두르며 숙종 연간에도 궁궐에 들어가 지속적으로 궁녀들과 불륜 관계를 맺었다. 하지만 꼬리가 길면 밟히듯 숙종이 이들의 추잡한 행동의 전말을 알게 됐고, 끝내 복평군과 복선군을 사형시키고 만다. 국왕의 친척들이 궁녀를 희롱하다 제명을 다하지 못한 것이다.

이런 현상들은 현대 사회에서도 지속되고 있다. 최근 전직 국회의장이 골프장에서 캐디에게 성희롱을 해 물의를 일으키고, 서울시의회와 군대에서는 고위 간부들이 여성 직원들을 성희롱해 끝내 자살에 이르게 한 사건도 있다. 권력을 가진 자들이 자신의 지위를 이용해 여성들을 마음대로 할 수 있다는 발상은 시대착오를 넘어 인간의 존엄성을 훼손하는 작태다. 역사를 통해 드러나듯 성적 문제를 일으킨 사람들에게는 반드시 준엄한 심판이 기다리고 있다.

-2014.10.01

# 이성계와
# 황상

　　조선 태조 이성계는 무장 시절 활쏘기의 달인으로 세간에 널리 알려졌던 인물이다. 그가 얼마나 활을 잘 쐈느냐 하면 소나무 가지에 앉아 있던 새 다섯 마리의 머리를 화살 하나로 모두 관통시켰다는 일화가 전해 내려 올 정도다.

　　오랑캐들이나 살고 있다는 변방의 쌍성총관부(오늘날 함흥) 출신인 그가 고려의 중심인물이 된 것은 모두 신기에 이른 활쏘기 덕택이었다. 당시 반원反元 정책을 추진하던 공민왕은 재상들에게 수시로 활을 쏘게 하고 이를 지켜봤다. 공민왕 앞에서 이성계는 활을 백 번 쏘면 백 번 모두 맞혔고, 그때마다 공민왕은 "오늘날 활쏘기는 다만 이성계 한 사람뿐이다"라며 탄복했다.

　　이성계와 함께 황상黃裳이란 인물도 활쏘기 명인으로 소문이 났다. 1354년 원나라 요청으로 장사성의 반란을 토벌해 큰 공을 세우고 벼슬까지 받았던 그 역시 얼마나 활을 잘 쏘았던지 원나라 황제인 순제順帝가 그의 팔을 잡고 활 쏘는 모습을 관찰할 정도였다.

이런 소문들 때문에 당시 재상들은 이성계와 황상 간 활쏘기 대결을 추진했고, 결국 개성 덕암 활터에서 두 사람은 승부를 펼치게 된다. 경기장에서 이성계는 평소 120보(145m)에 설치되던 과녁을 무려 30보를 늘려 150보(180m) 떨어진 곳에 설치했는데도 백발백중이었다. 자기 실력에 우쭐해 하던 황상은 정오가 돼서야 나타났고 이성계가 설치한 과녁에 활을 쏘기 시작했다. 50발은 연속으로 모두 명중했지만, 그 이후부터는 과녁을 맞히기도 하고 못 맞히기도 해 결국 화살을 모두 명중시킨 이성계의 승리로 끝났다. 이성계 실력을 인정한 황상은 이후 그를 흠모하게 됐으며, 이후 두 사람은 친밀해져 고려로 쳐들어오는 왜구를 함께 막아 큰 공로를 세웠다.

지금 우리나라에서 '2014 인천아시안게임'이 한창 열리고 있다. 이성계와 황상이 활쏘기를 통해 우정을 돈독히 했듯이 이번 아시안게임을 통해 참가국 모든 선수들이 스포츠 정신을 되새기며 최선을 다하고, 국가와 이념을 초월해 모두 하나가 되길 기원한다.

-2014.09.24

# 격쟁 擊錚

1781년 윤5월 8일. 정조 임금이 선농단에 가서 제사를 지내기 위해 행차에 나섰다. 정조 행차가 있을 때마다 늘 그러하듯 억울한 일을 하소연하려는 백성이 구름같이 모여들었다. 이는 정조가 즉위 초부터 고을 수령이나 조정 관원들이 해결하지 못하는 억울한 일을 국왕에게 직접 호소할 수 있게 하는 특별한 제도를 시행했기 때문이다. 이를 '격쟁'擊錚이라 하는데 억울함이 있던 백성은 징과 꽹과리를 쳐서 국왕 행차를 멈춰 세웠다.

정조가 안암교에 이르자 그를 기다리던 백성 수백 명 가운데 충청도 덕산에서 올라온 김성옥이란 사람이 한 관리의 부정부패를 먼저 고발했다. 궁궐 재산을 담당하는 내수사 관리인 궁감宮監 김응두가 덕산 백성에게 패악을 저지르고 있다는 것이었다.

이 내용을 들은 정조는 탄식했다. 그는 즉위 직후부터 관리들의 부정부패를 없애기 위해 '절사경보민산'絶私逕保民産(사사로운 일을 끊고 백성 재산을 보호하라)이라는 글을 신표로 만들어 조정의 모든 문서마다 찍어

주었는데, 이런 노력에도 불구하고 모범을 보여야 할 궁감이 부정을 저질렀다는 소리에 더욱 화가 났던 것이다. 이에 정조는 "즉시 해당 궁임宮任을 잡아다가 엄중히 신문해 사실을 직고하게 하라"고 지시했고, 덕산 백성은 억울함을 해소할 수 있었다.

이처럼 백성의 억울한 사연을 담은 상언上言과 격쟁을 통해 정조가 해결한 민원은 무려 3500여 건에 이른다. 이 모든 것이 백성과 직접 대화를 통해 이뤄졌으니 참으로 놀라운 일이다.

이처럼 위정자가 가장 중요시해야 덕목은 백성이 하는 말을 경청하는 자세다. 현 정권은 이 부분에서 너무나 답답한 행보를 보이고 있다. 더구나 증세 없는 복지를 펼치겠다고 하면서 오히려 담뱃값, 재산세, 자동차세 등을 대폭 인상하겠다고 나서니 국민적 분노가 치솟고 있는 실정이다. 역사는 되풀이된다. 백성의 이야기를 귀담아듣지 않았던 관리들의 말로가 어떠했는지 현 정부 실세들은 꼭 명심하기 바란다.

-2014.09.17

# 계월향 桂月香

대동강의 아름다운 절경이 한눈에 내려다보이는 평양성 연광정練光亭 옆에 커다란 장막이 처져 있었다. 고니시 유키나가小西行長의 부장副將이 평양의 명기名妓 계월향桂月香을 맞이하기 위함이었다. 평양성이 함락되면서 계월향은 이 왜장에게 몸을 더럽히게 되었다. 하지만 그녀는 고니시 군대의 핵심 참모인 왜장을 죽이기 위해 꾹 참고 기회를 엿보았다. 그리고는 왜장에게 평양성 밖에 있는 자신의 친오빠를 성내로 데리고 오고 싶다고 했다. 성 밖으로 나간 계월향은 평양성 탈환을 준비하는 평안도방어사 김응서金應瑞를 데리고 왔다.

두 사람이 장막 안으로 들어서자 왜장은 의자에 앉아 김응서를 바라보았다. 순간 그가 단순히 계월향의 오빠가 아님을 알아차리고 칼을 뽑으려 하였으나 김응서의 칼이 먼저 왜장의 목을 쳤다. 김응서와 계월향은 왜장의 목을 가지고 평양성을 탈출하려 하였으나 도저히 두 사람이 함께 탈출할 수 없었다. 그래서 계월향은 김응서가 단독으로 탈출할 수 있게 스스로 단도를 꺼내 자진하였다.

평양성을 탈출한 김응서는 왜장의 목을 조선 진중에 높이 내걸었고, 이 일로 일본군은 사기가 꺾였다. 1593년 2월 조명연합군이 4차 평양 전투를 통해 평양성을 탈환한 것은 이 일로부터 시작되었다. 이로써 백성들 사이에서는 '남논개南論介, 북계월향北桂月香'이라는 말이 만들어졌고, 진주의 논개와 평양의 계월향은 조선 의기義妓의 대명사가 되었다.

다음 주에 아시아의 소통과 화합 그리고 평화를 위한 제17회 인천 아시아경기대회가 개최된다. 북한 선수단도 참가한다는 소식이 있어 더욱 기대된다. 하지만 아쉬운 것은 계월향의 후예들인 북한 응원단이 오지 못한다는 것이다. 미인계를 앞세운 북한 선전 선봉대라는 일부 우려도 있지만 민족의 갈등을 녹이는 평화의 제전이 되어야 한다는 조직위원회 방침대로 우리는 북한 응원단을 받아들여야 한다.

-2014.09.10

# 배흥립의
# 덕행德行

　일반인들에게는 좀 생소하지만 이순신 장군의 한산도대첩과 권율 장군의 행주대첩에 모두 참여해 대승을 거두게 한 숨은 공신이 있었으니 바로 배흥립襄興立(1546~1608) 장군이다.

　그는 흥양현감 시절 전라좌수사 이순신의 명을 받아 전선戰船을 제조해 일본 수군을 격파하는 데 큰 역할을 했다. 한산도대첩에서도 아홉 번 싸워 아홉 번 모두 이겼으나 누구에게도 전공을 자랑하지 않았다. 결국 그는 공로를 인정받아 1607년 무인 신분으로서 특별히 공조참판에까지 올랐다.

　'충신은 반드시 효자에게서 나온다'는 말처럼 배흥립은 효행과 덕행이 매우 뛰어난 인물이었다. 그의 부친이 돌아가자 어머니 김씨는 매우 애통해 하며 몸가짐을 바로하고 상례를 치르고자 했다. 하지만 머리에 생긴 이와 서캐 때문에 염증이 생겨서 머리를 단정히 빗을 수가 없었다. 이를 보다 못한 배흥립은 자신의 머리에 기름을 바른 뒤 모친의 머리와 마주 대해 머릿니가 자신의 머리로 이동하게 했다. 이후 자신은 이와 서캐 때문에 고통스럽게 됐지만 어머니는 머릿니의 고통에서 벗어나게 됐고, 머리를 단정히 해 남편의 장사를 잘 치를 수 있었다.

또 배흥립에게는 자신보다 열일곱 살이나 어린 동생이 한 명 있었다. 그의 부친은 늦둥이가 태어나리라 생각하지 못하고 사전에 모든 재산을 배흥립에게 주었다. 하지만 배흥립은 물려받은 재산을 모두 갖지 않고 자기 재산의 반을 동생에게 주고 형제의 우애를 더욱 두텁게 하였다.

이번 주말부터 추석 연휴의 시작이다. 최근 추석의 풍속도가 변해 가족 간의 만남보다는 해외여행 등 개인의 휴식을 중히 여긴다고 한다. 우리가 명절을 지키는 이유는 오늘날의 우리를 있게 해준 조상들에게 감사하고 후손들의 번영을 기원하기 때문일 것이다. 하지만 본말이 전도돼 효의 가치와 형제, 자매 간의 우애가 사라지고 있어 안타까운 마음이 든다. 배흥립 장군의 효행과 덕행까지는 아니어도 이번 추석을 통해 가족 간에 사랑과 공동체 정신을 함께 나누었으면 한다.

-2014.09.03

# 매국녀
# 이홍경

　　1900년대 초반까지 우리나라 기혼 여성 대부분은 공식적인 이름이 없었다. 결혼을 하면 출신 마을을 따서 ○○댁 혹은 아이 이름을 따라 ○○엄마로 불리는 것이 통례였다. 그나마 상류층에서는 친정 성씨를 따라 박씨 부인, 김씨 부인 등으로 지칭되곤 했다.

　　구한말 황현이 남긴 『매천야록』에 따르면 을사오적 중 한 명인 이지용의 아내가 일본 사교계에 진출을 하면서 스스로 '이홍경'李洪卿이란 이름을 사용하게 된 것이 우리나라 여성 이름의 시초라고 한다.

　　그녀는 신여성으로 영어와 일어에 능통했으며, 외모가 수려했다. 원래 그녀는 홍洪씨였는데 성이 두 글자인 일본식 이름으로 짓기 위해 자기 성 앞에 남편 성 이李를 넣고 자신을 '정승급 벼슬을 하는 사람'으로 높여서 경卿이라고 한 것이다. 그녀는 또 한복 대신 양장을 입고 다녔고, 인력거를 타고 갈 때 얼굴을 내밀고 담배를 피우며 의기양양하게 다녔다. 사람들은 그녀가 지나 갈 때마다 고개를 돌리고 눈을 가릴 정도였다.

이홍경은 1906년 조선에 파견된 일본 관료, 대한제국 고위 관료 아내들과 함께 부인회를 조직해 활동하기도 했다. 이홍경은 부인회 활동을 통해 알게 된 일본 공사관원 하기와라 슈이치, 구니와케 쇼타로와 드러내놓고 연애를 했으며 대중 앞에서 이들과 공개 키스를 하기도 했다. 심지어 당시 주한 일본군사령관으로 권력의 중심에 있던 하세가와 요시미치와는 통정 관계까지 맺었다. 그녀가 하세가와와 특별한 관계라는 소문이 온 나라에 가득했지만 그녀는 물론 남편 이지용까지 풍문에 전혀 개의치 않고 이들을 통한 자신들의 이득을 따지는 데만 골몰했다.

이처럼 대한제국 말기에 권력자들의 일탈과 매국 행위는 일반인의 상상을 초월한다. 조정 고위 관료들은 나라를 지키기보다는 자신들의 부와 권력을 위해 일본에 협력했고, 그들의 아내들도 이홍경처럼 올바른 처신을 하지 못했다. 오는 29일은 일본에 나라를 완전히 빼앗긴 '경술국치' 104년이 되는 날이다. 자신들의 탐욕을 위해 부인은 물론 나라를 통째로 팔아먹는 사람들이 다시는 우리 사회에 나오지 않기를 간절한 마음으로 바란다.

-2014.08.27

# 녹두꽃
## 정정화

1922년 6월 중순. 인력거를 타고 압록강 철교를 건너려던 한 여인이 일경에게 체포됐다. 그녀의 이름은 정정화鄭靖和. 상하이 임시정부에서 독립운동가들 뒷바라지를 하던 그녀는 독립 자금을 모으기 위해 국내로 밀파됐다 붙잡히고 만 것이다. 정정화는 이 사건으로 신의주와 종로경찰서에 끌려가 갖은 고초를 겪었고 결국 신분이 탄로나고 말았다.

1900년 수원유수를 지낸 정주영의 셋째 딸로 태어난 정정화는 한일강제병합으로 일제가 대한제국의 신하들에게 준 작위를 반납하고 독립운동에 투신한 김가진의 며느리이자 백범 김구 주석의 비서를 역임한 김의한의 아내였다.

이후 정정화는 시아버지, 남편이 3·1운동 뒤 상하이로 망명하자 1년 뒤 21세의 나이로 홀로 압록강을 건너 가족들을 만난다. 그리고 독립운동을 지원하기 위해 상하이 임시정부의 안살림을 맡기로 결심한다. 하지만 막상 임정의 살림살이를 들여다보니 경제적 여건이 너무 좋지 않았다. 결국 그녀는 큰 결단을 내리고 고향으로 가서 돈을 구해온다. 그리고 이런 식으로 임정의 독립자금을 구하기 위해 압록강을 무려 6차례 건넜다.

그녀는 1932년 윤봉길 의사 폭탄 투척 사건으로 임정 요인들과 함께 상하이를 탈출해 망명정부 뒷바라지를 하면서 광복이 될 때까지 무려 10여 년 동안 중국대륙을 떠돌았다. 충칭重慶에서 조국의 광복을 맞은 그녀는 50대를 바라보는 중년이 됐다. 하지만 광복된 조국은 그녀에게 전혀 기쁨을 안겨 주지 못했다. 6·25가 일어나 남편이 납북됐고, 자신 역시 인민군에 부역했다 해서 투옥됐기 때문이다. 절망에 빠질 만도 하지만 그녀는 원망 대신 조국의 완전한 독립을 열망하며 그 모진 세월을 견뎌냈다. 그리고 가족들에게 독립과 민주화를 위한 투쟁에 헌신하도록 가르치다 1991년 한 많은 생을 마감했다.

"나라는 내 나라요, 남들 나라가 아니다. 독립은 내가 하는 것이지 따로 어떤 사람이 하는 게 아니다." 광복의 의미가 점점 퇴색하는 오늘, 한국의 잔다르크 혹은 '녹두꽃'으로 불리는 그녀의 이 말을 요즘 사람들도 반드시 곱씹어야 할 것이다.

-2014.08.20

# 순교자
# 정약종

1801년 2월 26일. 한양 도성 서소문 밖 넓은 공터에 사람들이 모여들었다. 사학죄인邪學罪人으로 몰린 천주교도들 사형이 집행되고 있었다. 사형자 명단에는 다산 정약용 셋째형인 정약종丁若鍾도 포함됐다.

정약종은 형 집행 차례가 되자 다른 사람들과 달리 하늘을 보았다. 땅을 내려다보며 죽는 것보다 하늘을 우러러보며 죽는 것이 더 낫다고 생각했기 때문이다. 전혀 예상치 못한 그의 행동 때문인지 망나니가 실수해 칼이 빗나갔고, 정약종 목은 절반 정도 붙어 있었다. 그러자 그는 손을 크게 벌려 십자 성호를 그은 뒤 조용히 엎드려 칼을 받고 죽었다.

1706년 남인 명문가에서 태어난 정약종은 생모인 해남윤씨 슬하 3형제 중에서 천주교를 가장 늦게 믿은 인물이다. 하지만 그는 성리학만이 인정되던 시대에 평등을 기반으로 하는 천주학 교리를 이해하고 난 뒤 1786년 아우구스티노라는 이름으로 세례를 받았다. 천주교 신앙을 전파하기 위해 한국 천주교 최초 교리서인 『주교요지』主教要旨라는 책을 쓰기도 했다. 정약종은 한문을 배우지 못한 가난하고 소외된 사람들을 위해 이 책을 한글로 썼다.

그의 이런 노력 덕택에 억압과 고통을 받던 백성들에게 천주교는 한 줄기 희망이 됐지만, 개혁군주 정조가 죽자 조정은 천주교에 대한 대규모 탄압을 시작했다. 양반 출신 천주교인으로서 거의 유일하게 남아 있던 정약종은 조선 천주교 지도자였기 때문에 노론들에게 제거해야 할 대상 1순위가 되고 만 것이다.

프란치스코 교황이 정약종을 비롯한 한국 천주교회 순교자 124인에 대한 시복식을 위해 내일 한국을 방문한다. 교황은 세월호 희생자 유가족도 만나 아픔을 위로하고 꽃동네를 찾아 소외된 분들도 만날 예정이다. 교황 방문을 계기로 날로 비인간화하는 우리 사회가 공동체성을 회복하고 더불어 사는 사회가 되기를 바란다. 정약종이 원했던 사회도 이런 모습일 것이다.

−2014.08.13

# 최영과 이성계의 군대

'황금 보기를 돌같이 하라'는 좌우명으로 유명한 고려의 충신 최영 장군. 그는 평생을 야전에서 살면서 홍건적과 왜구를 물리치기 위해 죽을힘을 다했다. 전투 때마다 패배한 적이 없었으며 고위관직에 있을 때 한 번도 청탁이나 뇌물 사건에 연루되지 않는 등 평생을 청렴하게 살았다.

최영은 요동정벌을 하러 갔던 이성계가 위화도에서 회군해 개성으로 돌아오려 하자 이를 저지하려 했다. 왕명을 거역한 쿠데타였기 때문이다. 그런데 최영의 군사들은 자신을 따르지 않고 오히려 이성계를 지지했다. 이에 최영은 억울하기 짝이 없었다. 그는 부하들이 왜 자신에게 등을 돌렸는지 쉽게 이해가 가지 않았다.

이유는 간단했다. 최영은 전장에서는 위대한 장수였지만, 자신의 마음에 들지 않으면 부하들에게 인격적 모욕을 주는 것은 기본이고, 심하게 매질했다.

이에 반해 이성계는 장수로서의 위엄을 지니고 있으면서도 부하들과 끊임없이 교감하기 위해 노력했다. 최고 장군 신분이지만 진중에 있을 때는 항상 창을 던지며 훈련을 하고, 휘하의 사람들에게 예절로 대접하고 병영에서 여러 가지 문제가 발생할 시 합리적인 결정을 내려 여러 장수들과 군사들이 모두 그의 부대에 소속되기를 희망할 정도였다. 이 때문에 그의 군대는 고려 말 최강의 부대가 됐고, 조선을 건국한 힘이 됐던 것이다.

지난달 GOP에서 근무하던 임 병장의 총기난사 사건에 이어 최근 육군 22사단 신 모 이병의 자살 사건, 28사단 윤 일병에 대한 구타와 사망소식은 온 국민을 충격에 빠뜨리며 우리나라 군의 기강이 얼마나 해이해졌는지 잘 보여준다. 이는 단순히 사병들의 문제로만 보기 어렵다. 군의 폐쇄성을 악용해 지휘관들이 자신의 책임을 회피하고 무사안일에 빠져 군 개혁을 이뤄내지 못한 탓이다. 철저한 조사를 통해 지휘고하를 막론하고 잘못한 사람들을 일벌백계해야 한다. 또 병영문화 개선을 위해 각계의 의견을 반영하고 신속하게 대비책을 마련해야 할 것이다. 그렇지 못하면 자주국방은 영원히 요원한 말이 될 것이다.

-2014.08.06

# 이순신의
## 육식 肉食

　겨우 13척으로 왜적 함대 133척을 물리친 이순신은 공교롭게도 명량대첩 이후 급속도로 아프기 시작했다. 억울한 누명을 쓰고 한양으로 올라가 선조에게 받은 고문 후유증에 어머니의 죽음까지 겹쳐 정신적 고통이 이루 말할 수 없었다.

　전쟁 중이라 삼년상을 치를 수 없던 그는 다시 삼도수군통제사로 임명되면서 소식小食하며 육식을 멀리했다. 일부러 소식을 했다기보다는 제대로 음식을 소화시키기 어려웠던 것이다. 식사를 제대로 못하니 체력은 점점 떨어지고, 심지어 배에 오르면 멀미까지 했다. 조선 최고의 수군 장수가 배에서 멀미를 하고 어지럼증으로 고생한다는 소문에 이순신 수하에 있는 병사들도 불안감이 커져만 갔다. 그래서 이순신을 존경하는 장수들은 체력 회복을 위해 그에게 육식을 권했다. 하지만 이순신은 이런 충고를 전혀 받아들이지 않았다.

　그가 계속 육식을 거부하자 급기야 선조 임금까지 나서서 "왜군과 치르는 전쟁에서 승리하기 위해 반드시 고기를 먹어야 한다"며 명령하기에 이른다. 아이러니한 사실은 선조가 어려운 상황에서도 명량해전을 승리로 이끈 이순신의 공을 전혀 인정하려 들지 않았다는 점이다. 선조는 명량대첩 한 달 뒤에 명나라에서 파견된 경략조선군무사 양호楊鎬를 만나 "겨우 사소한 승리를 한 이순신에게 왜 상으로 은銀까지 주느냐"고 불평하며 기적 같은 승리를 '사소한 승리'로 폄하했던 인물이다. 그랬던 그가 자신이 시행한 고문 때문에 이순신의 건강 상태가 좋지 않게 됐다고 판단하자 이를 덮으려고 모친상으로 인해 체력이 떨어진 것이라며 고기를 먹으라고 지시한 것이다. 결국 이순신은 임금의 명으로 고기를 먹긴 했지만 건강 상태가 크게 호전되지는 않았다. 그리고 그는 목숨을 걸고 몇 차례 전투에서 더 승리를 거둔 후 임진왜란 마지막 해전인 노량해전에서 유명을 달리하게 된다.

이순신 생애를 돌아보면서 무능했던 선조의 정치력을 다시 한 번 생각하게 된다. 그리고 현재 우리 사회와 자연스럽게 비교하게 된다. 부디 이 땅의 지도자들은 선조처럼 자기 실수와 책임을 아랫사람들에게 전가하지 말고 본인이 부족함을 인정하고 사과하며 현실적인 대책 마련을 약속하기 바란다. 그것이 국민의 생명과 재산을 안전하게 지킬 수 있는 첫걸음이다.

-2014.07.30

# 자휼전칙 字恤典則

　정조는 11세 어린 나이에 아버지 사도세자를 잃어서인지 부모 없는 아이들에게 많은 관심을 기울였다. 전염병으로 부모가 죽고 홀로 남겨진 아이들이나, 흉년과 가난 때문에 부모한테서 버려진 아이들을 누구보다도 애틋하게 여겼다. 그리고 이 어린아이들을 국가가 책임지고 길러야 한다고 강조했다. 이런 정조의 철학 때문에 1783년(정조7년)에는 '자휼전칙'字恤典則이라는 법까지 만들어진다.

　"흉년이 들어 굶주리는 해에 우리 백성들 중 가장 말할 데 없고 괴로운 사람은 바로 어린아이들이다. 장정들은 그런대로 살아갈 수 있지만, 어린아이들은 이와 달라 제 힘으로 입에 풀칠을 할 수 없으므로 훌쩍거리며 살려 주기를 바라며 의지할 데가 없게 된다."

　정조는 자휼전칙을 제정한 이유를 이처럼 강조하며 힘없고 홀로 남은 아이들에 대해 조정과 지방 수령들이 책임지고 기르게 했다. 실제로 한양 5부五部에서 4~10세 걸식아동들을 진휼청에 보고하면 이곳에서 아이들이 굶어죽지 않도록 조치했다. 우선 이들을 진휼청 밖 빈터에 흙집을 지어 거처하게 하고, 버려진 영아들에게 젖을 먹일 수 있는 유모를 찾아주거나 지원자를 물색해 양육에 필요한 양식과 의복을 지급하며, 병에 걸리면 혜민서에서 치료했다. 또 해당 관청은 만약 아이들에게 친척이 있으면 친척에게 보냈고, 아예 버려진 아이들은 국가 재정상 여유와 관계없이 자립할 수 있을 때까지 돌보도록 했다.

내일(음력 6월 28일)은 정조 214주기 기일忌日이다. 그리고 세월호 참사로 어린 학생들이 희생된 지 100일째 되는 날이기도 하다. 그런데 아직도 희생자는 완전히 찾지 못하고 있고, 이들을 위한 특별법 제정은 각 정당별 이해관계와 시민단체들 간 이견 때문에 합의를 이뤄내지 못하고 있다. 이를 보면 200여 년 전 조건 없이 불우한 아이들을 돌봤던 정조의 정책은 현 정부 들어 훨씬 후퇴한 듯하다. 정부와 각 정당은 대승적인 견지에서 원만한 합의를 이뤄내 법안을 반드시 통과시켜야 한다. 이를 통해 아낌없는 후속 지원을 진행하고 유사 사고 재발 방지를 모색해야 한다. 이것이 유가족과 희생자들을 위한 최선의 지름길이다.

-2014.07.23

# 토정 이지함과
## 해일 *海溢*

    기인으로 유명한 토정 이지함(1517~1578)은 평소 이상한 행동을 잘했다. 쇠로 만든 솥을 머리에 쓰고 다니다 배가 고프면 이를 벗어 시냇가에 걸어두고 밥을 지어 먹고는 씻어서 다시 쓰고 다녔다. 그는 지금 마포 강변에 흙으로 언덕을 쌓고 그 아래 굴을 판 뒤 위쪽에 정사<sup>亭舍</sup>를 지어 살았는데, 이를 계기로 자기 호를 토정<sup>土亭</sup>이라 지은 것이다. 하지만 그는 단순히 기이한 행동만 했던 인물은 아니었다. 화담 서경덕의 제자로 정통 성리학뿐 아니라 천문, 역학, 점술과 관상 등에도 능했다. 이런 이유 때문에 이지함은 민중들 사이에 대유행한 『토정비결』<sup>土亭秘訣</sup> 저자로 알려져 있다.

    『천예록』<sup>天倪錄</sup>에 나오는 야사 한 토막을 보면 토정이 젊은 시절 장사를 하려고 동해안 어촌에 갔는데 그곳에서 한 노인을 만나 하룻밤을 같이 지내게 됐다. 그런데 거사<sup>居士</sup>풍인 그 노인이 갑자기 바다쪽 하늘을 보더니 "지금부터 몇 시간 뒤에 큰 해일이 일어날 것이니 급히 피하지 않는다면 모두 물고기 밥이 될 것이오"라고 경고했다. 이 말을 듣고 천문에 능했던 토정이 하늘을 쳐다봤지만 하늘은 맑았고 바람 한 점 없었다. 도저히 노인의 말이 이해되지 않았다. 집 주인 역시 노인 말을 믿지 않았다. 그러자 노인은 "내 말을 망언이라 여겨도 좋으니 잠시 뒷산 꼭대기로 피하라"고 재촉했다. 이에 마을 사람들은 속는 셈치고 뒷산으로 올라갔다. 그런데 노인이 예언한 대로 엄청난 해일이 일어나 산 중턱까지 덮쳤고, 온 마을 사람들은 생명을 건질 수 있었다. 다음날 해가 중천에 떴을 때 노인은 마을 사람들 인사도 받지 않은 채 사라졌다. 그리고 토정은 해일 예언을 한 이 노인에 대해 자신보다 한 수 위 내공을 지녔다며 감탄했다고 한다.

이제 우리나라는 태풍과 장마가 몰려오는 시기로 접어들었다. 최근엔 태풍 '너구리'가 한반도에 본격 상륙하지 않았지만 일본 열도를 강타하고 지나갔다. 매년 반복되는 자연재해지만 우리는 매번 안일한 대응을 하다가 큰 피해를 입었다. 기상청을 비롯한 관련 기관들은 안전대책을 더 철저히 세워야 할 것이고, 시민들 또한 태풍과 장마에 대해 적극적으로 대비해 부디 큰 피해 없이 올여름을 잘 넘기길 기대한다.

-2014.07.16

# 백호 임제와
# 조선의 미래

조선 중기 시인 겸 문신이었던 백호<sup>白湖</sup> 임제<sup>林悌</sup>(1549~1587)는 호방하고 명쾌한 시<sup>詩</sup> 세계로 당대 명문장가 반열에 오른 인물이다. 그는 동서<sup>東西</sup>로 나뉘어 벌이던 당파싸움을 개탄하고는 명산을 찾아다니며 여생을 보냈다. 당쟁의 소용돌이에 백성들이 고통받는 세상을 보며 울분과 한이 쌓였던 그는 불과 38세에 유명을 달리하게 된다.

임제는 죽기 전에 자식들에게 "사해제국<sup>四海諸國</sup>이 다 황제라 일컫는데 우리만이 그럴 수 없다. 이런 미천한 나라에 태어나 어찌 (내) 죽음을 애석해 하겠느냐"며 곡을 하지 말라고 당부했다. 당시 조선은 황제 아래 제후국이라는 뜻에서 임금을 '국왕'이라고 칭했고, 황제가 자신을 짐<sup>朕</sup>이라고 표현할 때 조선 국왕은 여<sup>予</sup>라고 표현했다. 이런 이유 때문에 임제는 조선 백성이었던 것이 슬펐고, 죽으면서까지 곡을 하지 말라고 했다.

조선은 건국 때부터 사대<sup>事大</sup>를 국정이념으로 삼았다. 새 국왕이 들어서면 명과 청 황실에서는 그들에게 임명장을 내려주며 곤룡포를 하사했다. 그러면 조선 국왕은 중국 칙사에게 무릎을 꿇고 감사하다는 인사를 해야 했다. 학문에서도 사대 정신은 극에 달했다. 숙종대에 북벌론을 부르짖었던 윤휴가 주자의 성리학에 대해 비판을 가하자 송시열은 사문난적斯文亂賊이라며 끝내 그를 사사賜死시키고 만다. 중국 중심인 사대주의는 18세기 말 정조대에 실학이 만개하기 전까지 지속됐다. 참으로 안타까운 일이 아닐 수 없다.

하지만 이제 시대가 달라졌다. 중국은 미국과 함께 G2로 불리며 여전히 강대국이긴 하지만 우리 국민은 더 이상 한국이 중국의 속국이라는 인식을 갖고 있지 않다. 오히려 한류 붐이 일어나 중국인들에게 우리나라를 동경하게끔 하고 있다. 최근 시진핑 국가주석 방한 때 이모저모를 들여다봐도 한·중 양국이 대등한 관계로 발전하고 있으며, 한·중 연대의 정치적 선택이 중요하다는 것을 한눈에 알 수 있다. 이에 우리는 그동안 지속됐던 미국 중심 외교정책에서 벗어나 중국과 연대한 새로운 동아시아 질서를 만들 필요가 있다. 그것이 바로 한반도 통일과 아시아 국가의 경제 발전은 물론 세계 평화를 위한 길일 것이다.

-2014.07.09

# 목민관
# 정약용

1797년 윤6월, 다산 정약용이 황해도 곡산부사로 부임하는 길에 한 남자가 그의 앞을 가로막았다. 사내의 이름은 이계심李啓心. 전임 수령 시절 1000여 명의 주민을 이끌고 수령에게 거칠게 항의하다 관군을 피해 산으로 도망갔다던 사람이었다. 당시 한양에서는 이계심이 곡산부사를 들것에 담아 객사에 버렸다는 소문이 나돌기까지 했다. 배우지 못하고 가진 것 없는 천한 백성들이 지엄한 수령에게 신체적 형벌을 가했다는 소문 때문에 양반 사대부들은 분노가 극에 달했다. 이에 조정에서는 민란을 일으키고 산으로 도주한 이계심을 잡기 위해 훈련도감을 포함한 오군영의 군사들까지 파견했지만 번번이 그를 잡는 데 실패했다.

그랬던 그가 제 발로 정약용 앞에 나타난 것이다. 정약용은 이계심을 포박하거나 목에 칼을 채우지 않고 관아로 데려가 갑자기 나타난 연유를 물었다. 이계심은 정약용에게 백성들의 고통을 낱낱이 적은 12조목을 건넸다. 거기에는 정약용 부임 직전 서리들이 포보포砲保布(포군에게 내는 군포) 대금으로 200전을 걷어야 하는데 백성들에게 무려 900

전이나 걷어 뒤로 빼돌린 사실이 적혀 있었다. 이에 백성들의 원성이 이어졌고 이계심이 우두머리가 돼 1000여 명을 모아 관에 들어와 호소한 것인데, 오히려 죄인으로 몰려 고통을 당했던 것이다. 정약용은 여러 정황을 정확히 파악하고 곧바로 이계심에게 무죄 방면을 내렸다. 그러면서 "한 고을에 모름지기 너와 같은 사람이 있어 형벌이나 죽음을 두려워하지 않고 만백성을 위해 그들의 원통함을 폈으니, 천금은 얻을 수 있을지언정 너와 같은 사람은 얻기가 어려운 일이다. 오늘 너를 무죄로 석방한다"고 말했다.

이계심의 무죄 석방 소식이 알려지자 백성들은 반겼지만, 조정에서는 수령의 권위를 붕괴시켰다고 그를 파직해야 한다는 정쟁까지 일었다. 하지만 현군인 정조가 정약용을 칭찬하면서 정쟁은 일단락됐다. 정약용의 판결은 관청이 백성 위에 군림하는 권위적 태도를 거부하고, 목민관의 임무가 백성의 고통을 해결해 주며 살길을 열어 주는 것이라는 근본적인 깨달음을 준 사건이다. 7월 1일부터 민선 6기 지방자치가 본격적으로 시작됐다. 모름지기 대한민국의 지자체장들이라면 시·도 규모가 크든 작든 간에 정약용의 목민관을 가슴 깊이 새기고 주민을 위한 참된 행정이 과연 무엇인지 한 번 더 생각해 실천해 주기 바란다.

-2014.07.02

# 남한산성과
# 서흔남

병자호란 당시 청나라 군영軍營 앞에 미친 사람처럼 보이는 자가 나타났다. 더부룩하고 헝클어진 머리에 침을 질질 흘리던 그를 청군들은 전쟁 때문에 실성했다고 생각해 진영 밖으로 쫓아냈다. 그러자 그는 몸을 바로 하고는 품 안에 인조 근왕병 모집 교지를 가지고 삼남(충청·전라·경상)으로 내려가 남한산성이 청나라 군사들에게 포위됐다는 위급함을 알렸다.

적의 포위망을 뚫기 위해 거짓으로 미친 척했던 사람 이름은 바로 서흔남徐欣男이다. 그는 원래 수어청 소속 장교의 노비로 주로 기와를 만들던 장인이었다. 건장한 체격에 영리하고 용감했던 그는 밤에 수시로 남한산성을 나가 적 진영을 염탐하고 돌아왔다. 당시 남한산성에 피신해 있던 인조는 적들에게 둘러싸여 근왕병을 모집하기 위한 교지를 바깥으로 전해 줄 사람을 찾고 있었다.

하지만 아무도 이 임무를 맡으려 하지 않았다. 남한산성 안에서 관리와 양반들은 전쟁을 할 것이냐, 휴전을 할 것이냐를 가지고 입으로만

싸우고 있을 뿐이었다. 수많은 조선 장군과 군사들은 청군이 두려워서 산성 밖으로 나가려 하지 않았다.

오로지 일개 노비였던 서흔남만이 목숨을 걸고 나갔다. 서흔남은 도원수 김자점과 전라감사 이시방을 만나 근왕병을 거느리고 남한산성으로 오겠다는 장계를 받아 다시 남한산성으로 돌아와 인조에게 바쳤다. 이 일로 추위와 굶주림에 지쳐가던 남한산성 백성과 군사들에게 희망을 주었고, 항전은 지속될 수 있었다. 서흔남 같은 진정성 있는 민초들이 있었기에 오늘날까지 우리나라가 수많은 외세 침략에도 나라를 유지하고 발전시킬 수 있었던 것이다.

지난 22일 카타르 도하에서 열린 '제38차 유네스코 총회'에서 남한산성이 세계문화유산으로 확정됐다. 우리나라의 11번째 세계문화유산이 된 것이다. 남한산성은 세계에서 유일한 '산성 도시'와 '임시 수도'라는 특별함을 인정받았다. 이와 같은 특별함도 의미 있지만 더욱 가치 있는 것은 나라를 지키고자 하는 백성들의 진정성이다.

이제 조선 백성들의 진심 어린 애국심을 널리 알려 남한산성이 더 이상 수치스러운 곳이 아니라 세계인에게 감동을 주는 문화유산으로 거듭나게 해야 할 것이다.

-2014.06.25

# 윤치호의
# 일본 예찬

안창호, 양기탁, 이동휘 등과 함께 신민회를 설립해 국민 계몽운동에 헌신하고 독립협회 회장까지 역임했던 윤치호(1865~1945)는 대성학교 교장으로 재직 중이던 1911년 이른바 '105인 사건'으로 6년형을 선고받았다가 3년 만에 출소한다.

그는 출소 후 친일파로 변절해 조선총독부 일간지인 매일신보에 일본 제국주의를 찬양하고 중일전쟁에 청년들이 자원 입대할 것을 호소한다. 3·1 만세운동에 대해서는 "약소 민족이 강성한 민족과 함께 살아야 한다면 그들에게 호감을 사야 한다"며 만세운동을 강하게 비난했다.

1938년 4월 20일 수요일. 일본 여행 중이던 윤치호는 늦은 밤 일기를 쓴다. "일본인들은 25년 만에 조선반도를 철도와 도로망으로 뒤덮었고, 조선반도에 항만 시설과 농업과 공업을 향상시켰으며, 조선반도에 교육과 일본 문화를 보급해 확산시켰다. 이것만 해도 장한 일인데, 그들은 조선의 7~8배나 되는 만주를 말 그대로 하룻밤 사이에 꿀꺽 집어

삼키고는 5년 만에 예전에 누릴 수 없었던 질서와 평화를 정착시켰다. 활력이 넘치는 일본 민족은 한걸음 더 나아가 만리장성을 뛰어넘어 10개월 만에 칭기즈칸이나 누루하치가 그랬던 것처럼 중국을 정복했다." 참으로 위대한 일본 예찬이다. 결국 그는 조선 발전이 일본에 의한 것이라며, 위대한 일본을 예찬하고 그들에 의한 조선 지배를 너무도 다행스럽게 생각했던 것이다. 조선 민중이 일제에 의해 엄청난 수탈을 당하고 있는데도 말이다.

최근 문창극 국무총리 지명자 망언이 우리 사회를 흔들고 있다. 일제가 우리나라를 강제 침탈하기 위한 식민사관이 그에게서 오롯이 나타나고 있다. 그는 "강연 내용이 교회에서, 종교인으로서 한 발언이며, 전체적인 맥락에서 봤을 때는 아무런 문제가 없다"고 항변했다. 하지만 여권을 제외한 대중은 오히려 전체 강연 동영상을 보고 그의 극우적이고 식민적인 사관을 확실히 알게 됐다며 더 분개하고 있다. 그는 또한 친일 대명사인 윤치호를 긍정적으로 평가했다. 그러기에 국민은 그의 말에 진정성이 담겨 있다고 생각하지 않는 것이다.

인사청문회를 밀어붙일 것이 아니라 '비정상을 정상으로 바꾸겠다'는 대통령 말이 진심으로 들릴 수 있도록 국무총리 임명에 대한 합리적 해결이 이뤄지길 기대한다.

-2014.06.18

# 정조의
# 탕평책

　1776년 3월 10일 조선 22대 국왕으로 등극한 정조正祖는 구장복을
입고 면류관을 쓴 채 천천히 경희궁 숭정문을 지나 숭정전으로 올랐
다. 그리고는 조정 대신들을 바라보며 굵고 웅장한 목소리로 "과인은
사도세자의 아들이다"라고 말했다.

　정조의 말이 떨어지자마자 일순간 조정 신하들은 모두 부르르 떨었
다. 그 자리에 있던 인물들치고 사도세자 죽음에 관여되지 않은 자들
이 없었기 때문이다.

　정조는 즉위 이전부터 늘 죽음의 위기를 겪으며 살아야 했다. 동궁
(왕세손) 시절 전각에서 책을 보려 할 때 자신을 죽이겠다는 익명의 편
지를 책상 위에서 발견하기도 했고, 궁녀와 내시들의 끊임없는 감시를
받아야만 했다.

　또 '역적(사도세자)의 아들은 국왕이 될 수 없다逆賊之子 不爲君王'는 흉언이
온 나라에 가득 퍼진 가운데 영조가 정조에게 대리청정을 시키라고 명령
을 내린 전교를 당시 좌의정이었던 홍인한이 찢어버린 일까지 있었다.

정조는 단지 사도세자의 아들이라는 이유 하나만으로 13년간 대신들의 견제와 감시, 죽음의 위협을 이겨내고 마침내 조선 국왕이 된 것이다. 정조는 그를 위협했던 반대 세력을 모조리 사형시키거나 유배 보낼 수 있는 힘을 갖게 됐지만, 자신을 괴롭힌 원수들에게 해코지를 하지 않았다. 반대파를 모조리 제거하는 것은 백성을 위한 정치가 아니라고 생각했기 때문이다. 대신 그는 영조의 탕평책을 계승해 보다 발전된 탕평정책을 활용하기로 했다.

실제로 그는 친인척들을 배제하고 인재와 현인들을 적극 등용했다. 당파별로 나누어주던 관직을 배제하고 필요한 인재들로 채운 것이다. 이로써 정계에서 철저히 배제되거나 유배를 갈 것으로 예상됐던 노론 세력들은 오히려 정조와 더불어 적극적인 개혁정치에 참여했다. 이런 이유 때문에 사람들은 오늘날까지도 정조를 위대한 국왕으로 여기는 것이다.

지난주 끝난 제6회 전국동시지방선거로 새로운 단체장들이 등장했다. 새로 임명된 단체장들은 선거 기간에 자신을 반대했던 이들을 배척하지 말고 능력 있는 인물이라면 언제든 등용해 함께 정치를 해주기 바란다. 그것이 바로 21세기 탕평정치이자 국민을 위한 나라 만들기다.

-2014.06.11

# 집강소 執綱所

1894년 4월 27일. 탐관오리들의 학정에 봉기한 동학군이 마침내 호남의 심장 전주성을 점령했다. 관군이 전주성을 빼앗긴 것은 군사들이 무능한 탓도 있었지만 더 큰 요인은 수령들에 대한 백성들의 지지가 없었기 때문이다. 당시 호남 지역 수령들은 토색질에 전념했고 동학혁명이 일어나자 필요한 재물만 챙겨 도망치기에 바빴다.

당시 전주성을 점령한 전봉준은 백성이 진정한 주인이 돼 상하 차별 없이 평화롭게 살 수 있는 나라를 만들고 싶어했다. 그리고 이를 실현하기 위해 무엇보다 지역의 행정과 군사, 사법을 책임지는 수령이 올바른 사람이어야 한다고 생각했다. 그래서 그는 전라감사 김학진과 휴전 협정을 맺으며 집강소執綱所 설치를 주장했고 이를 관철시켰다. 원래 집강소는 지방행정을 원활히 수행하려고 면 리 단위에 근원을 둔 일종의 민정보조기구였다. 동학농민혁명 이후에는 동학의 조직인 접接의 수령, 즉 접주接主들이 각 읍의 집강이 돼 지방의 치안과 행정은 사실상 이들이 담당하게 됐다.

전주에는 집강소의 총본부인 대도소<sup>大都所</sup>를 두고, 집강소에는 분장을 나누어 집강 밑에 서기·집사·동몽 등 임원을 두어 행정사무를 분담케 했다. 이는 오늘날의 지방자치제도와 거의 같은 맥락으로 민주주의의 시작으로 볼 수 있다. 이를 통해 관료들의 고압적 행정은 쇄신되고 백성의 어려운 삶을 헤아리는 지도자가 나와 고을을 책임지게 됐다.

결국 백성들이 직접 손으로 뽑은 지도자가 그들의 실제적 삶을 나아지게 했다. 이는 수많은 백성들이 목숨을 건 투쟁을 통해 참정권을 얻어냈기 때문에 가능한 일이었다. 다만 아쉬운 것은 조선 정부의 요청에 의한 외세의 침입으로 동학군이 패퇴하여 더 이상 집강소가 운영되지 못한 것이다.

오늘은 제6회 전국동시지방선거가 있는 날이다. 세월호 참사의 여파 속에 조용히 치러지는 정책선거, 공명선거를 기대하였건만 역시나 선거 막판에는 흑색선전으로 혼탁한 선거가 된 것 같다. 하지만 국민들은 현명한 판단을 통해 올바른 사람들을 선출할 것으로 기대한다. 혈연, 지연, 학연을 초월해 올바른 정책을 제시한 이들에게 한 표를 던지기 바란다. 그것이 선조들이 이뤄 놓은 민주주의 정신을 지키는 길이다.

-2014.06.04

# 강변칠우
# 현상금

　　조선 광해군 때 '강변칠우'<sup>江邊七友</sup>라는 모임이 있었다. 이들은 박응
서, 서양갑, 심우영, 이경준, 박치인, 박치의, 김평손으로 주로 고관들의
자제였으나 서출<sup>庶出</sup>이라는 이유로 벼슬길이 막혀 세상을 증오했던 7명
을 말한다.

　　강변칠우는 중국 위나라 말기 부패한 정치권력에 등을 돌리고 거문
고와 술을 즐겼던 '죽림칠현'<sup>竹林七賢</sup>을 모방해 모임의 이름을 지었던 것
이다. 이들은 소양강 근처에 무륜<sup>無倫</sup>이라는 정자를 짓고 시와 술로 세
월을 보내고 있었다. 그러면서 이들은 여주 일대에서 활동하는 상인들
의 재물을 탈취해 쿠데타 자금을 마련하고자 했다.

　　이에 앞서 강변칠우의 우두머리였던 박치의는 도성 내의 호걸들과
어울리며 그들의 마음을 얻었다. 선조가 죽은 뒤 이들은 남별궁에서
명나라 사신을 몰래 죽이고 그 혼란을 틈타 군사를 동원해 조정을 전
복하려는 계획까지 세웠다.
　　이들은 또 약탈한 재물을 이용해 조정의 핵심 인사들을 매수한 뒤

자신들이 직접 선전관, 내금위, 수문장 등으로 조정에 들어가 호걸 300
명과 함께 국왕과 동궁을 시해하고, 대비大妃로 하여금 자신들의 뜻대로
수렴청정하게 한다는 어마어마한 역모를 구상했던 것이다.

하지만 박응서 등은 1612년(광해군 4년) 조령에서 은銀을 취급하던
상인을 죽이고 은 600~700냥을 약탈하다가 포도청에 체포돼 살인죄
로 조사를 받게 된다.

이후 강변칠우의 계획은 모두 탄로가 났고 우두머리 박치의만 도망
갔는데, 재미있는 것은 이들이 은화를 약탈하고 살인죄로 잡혀가자 대
부분의 양반들은 명문가인 후예들이 이런 일을 했을 리 없다고 옹호했
을 뿐만 아니라 구명운동까지 했다는 점이다.

더구나 조정에서는 박치의를 체포하기 위해 고액의 현
상금까지 내걸었으나 끝내 그를 체포하지 못했다. 아마
도 그를 추종하는 사람들이 철저히 숨겨 주었기 때문일
것이다.

지금의 상황도 이때와 유사한 것 같다. 세월호의 실제 선주인 유병
언 씨가 검찰의 출두 요구에도 불응하고 종적을 감췄다. 검찰은 최근
현상금을 5000만원에서 5억원으로 상향했다. 유씨가 시민들의 신고로
체포될 수도 있겠지만, 자진해서 출두하는 것이 바람직하다. 수사에 응
해 한 점 의혹 없이 모든 것을 밝히는 것이 대다수의 국민은 물론 그를
추종하는 세력을 위해서도 현명한 선택일 것이다.

-2014.05.28

# 홍역 紅疫

조선시대에 홍역은 실로 무서운 전염병이었다. 1707년(숙종 33년) 4월 평안도에서 발생한 홍역으로 단 보름 만에 1만여 명이 죽었고, 이듬해 발생한 홍역으로 전국 각지에서 수만 명이 죽었다.

당대 최고 의원과 좋은 음식을 제공받는 왕실 역시 홍역은 두려움과 공포의 대상이었다. 조선 후기 영조와 정조도 어린 시절 홍역을 앓았다가 겨우 살아난 바 있다. 영조의 큰아들이었던 효장 세자 또한 홍역을 크게 앓았다가 가까스로 목숨을 건졌으며, 효장 세자빈 조씨 역시 궁중으로 들어왔다가 홍역을 앓았다. 정조 왕비인 효의왕후는 왕세손이었던 정조와 가례를 올리기로 결정 난 다음 홍역을 앓아 양쪽 집안이 걱정에 빠지기도 했고, 정조 어머니인 혜경궁 홍씨 역시 정조를 낳은 뒤 몸이 약해진 생태에서 갑자기 홍역에 걸렸다.

왕과 왕비가 동시에 홍역에 걸린 사례도 있다. 당시 12세였던 순조와 13세 왕비인 순원왕후가 즉위 2년 만에 홍역에 걸려 국가에 대위기가 찾아왔던 것이다. 이렇게 임금이라도 피해갈 수 없었던 홍역을 막기 위해 왕실에서는 특별 조치를 취했다. 영조는 네 번째 옹주가 홍역으로 죽자 세자를 보호하기 위해 거처를 창덕궁에서 오늘날 경희궁인 경덕궁으로 옮기게 했다. 정조 역시 1796년 수원화성을 완공한 뒤 낙성연落成宴 행사에 참석해 백성들과 축성의 기쁨을 함께하고자 했는데 공교롭게도 도성에 홍역이 발생해 여섯 살 난 어린 세자를 홍역에 걸리지 않게 하기 위해 행사 참석을 취소하고 궁궐을 옮기기도 했다. 이처럼 조선시대 홍역은 민관 모두 공포의 대상이었고, 도저히 고칠 수 없는 참으로 무서운 병이었다.

현대의학의 발전으로 거의 사라졌다던 홍역이 최근 대학가를 중심으로 퍼지고 있어 충격을 주고 있다. 질병관리본부에 따르면 지난주 서울 소재 2개 대학에서 확진 환자 12명, 홍역 의심 환자 54명이 발생했다. 특히 면역력이 떨어지는 소아와 성인들에게 2차 전파가 지속되고 있다고 하니 보건당국은 국민이 안심할 수 있도록 신속한 대책을 마련해주길 바란다. 사실 요즘 분위기로 봤을 때는 육체적인 질병의 전염보다 정치·사회·언론에 대한 국민적 불신의 전염이 더 심각하긴 하다. 이를 불식할 대책이 현 정부에 있는지 자못 궁금해진다.

-2014.05.21

# 김구월쇠의
# 해난 海難 구조

1795년 6월 18일 푹푹 찌는 한여름. 이날은 정조 모친인 혜경궁 홍씨 회갑날이었는데 날씨가 흐렸다. 이 때문에 회갑연을 준비하던 사람들은 창덕궁에 혹시라도 비가 내릴까봐 노심초사하고 있었다.

한편 같은 시간 전라도 강진에서는 남당포에 사는 여인 박조이를 비롯한 여성 123명이 게와 조개를 잡기 위해 개펄에서 열심히 일을 하고 있었다. 탐진강과 연결되는 강진만 개펄은 넓기로 소문나 있는데 갑작스럽게 바닷물과 강물이 일시에 교차하며 불어나 꼼짝없이 물에 잠겼다. 오랜 바다 생활로 수영에 능한 여성들이었지만 갑작스러운 상황에 바다에서 빠져나올 수 없었다. 죽음이 눈앞에 닥친 것이다.

이때 동네 서쪽 마을에 사는 선주 김구월쇠가 사공 네 사람과 함께 조류를 거스르는 위험을 무릅쓰고 배를 몰아 물에 빠진 사람들 곁으로 갔다. 구하러 간 사람들 역시 갑작스럽게 불어난 물 때문에 매우 위험한 상황이었지만 물속으로 뛰어들어가 여인들을 모두 건져냈다.

이에 앞서 배가 미처 도착하기 전 여자아이 4명이 떠내려가기 시작했는데 김구월쇠는 기지를 발휘해 그물을 던진 다음 어린아이들을 건져 올리기도 했다. 몇 사람의 용기와 지혜로 100여 명이 죽을 뻔한 대형 사고를 사상자 한 명 없이 마무리한 것이다. 이 소식을 들은 정조는 너무도 기뻐하며 이들에게 실제 일하는 자리는 아니었지만 관직을 주고 포상했다.

사고 한 달이 되도록 여파가 가시지 않는 세월호 사고를 바라보면 한숨만 나온다. 최근엔 검찰 수사 결과 세월호 침몰 직후 해경이 선내에 진입할 충분한 시간과 기회가 있었지만 잘못된 판단으로 구조에 실패했다고 밝혀 온 국민을 분노케 하고 있다. 조선시대보다 훨씬 발달된 장비를 지녔음에도 불구하고 수백 명의 생명을 구하지 못한 것은 현 사회를 살아가는 우리의 지혜와 용기가 부족하기도 하고 자신만 살겠다는 이기주의와 윗사람들 눈치만 보는 그릇된 관행 때문이라고 생각한다. 검찰 수사가 여러 의혹을 제대로 풀어줄지 미지수지만 유가족과 분노한 국민을 생각해 꼭 엄정한 수사를 진행해주길 당부한다.

-2014.05.14

# 김수팽의
# 어머니

　조선 영조 때 호조 서리를 지낸 김수팽金壽彭은 호걸다운 성격에 큰 절도를 보여 당대 사람들에게 '열장부'烈丈夫라고 불렸다. 그는 또 청렴결백해 관리뿐만 아니라 도성 백성들에게 두루 존경을 받고 있었다.

　그에겐 아주 유명한 일화가 있다. 젊은 시절 그가 공문서를 가지고 호조 판서 집에 가서 결재를 받으려 했는데 판서는 손님과 더불어 바둑만 두고 있었다. 몇 시간이 되도록 바둑은 끝나지 않았다. 계속 참고 기다리고 있던 김수팽은 마침내 마루로 올라가 판서가 두고 있는 바둑돌을 쓸어버렸다. 그러고는 "죽을죄를 지었습니다. 그러나 이 일은 국사國事라 늦출 수가 없습니다. 결재를 청하오니 이제 (제 소임은) 다른 서리에게 주어 실행하게 하소서!"라며 사의를 표했다. 그의 행동은 당시 사회 분위기상 상상할 수도 없는 무례한 행동이었지만 사적인 일보다 공무를 우선시하는 김수팽의 진정성을 느낀 판서는 오히려 자신을 부끄러워하며 그의 사직을 반려했다.

　김수팽이 비록 낮은 서리 신분이었지만 이렇게 강직한 행동을 할 수 있었던 것은 다 그의 어머니 덕분이었다. 가난한 집안에 시집와 온 갖 고생을 하던 그의 어머니는 어느 날 부엌 아궁이에서 금덩어리가 담긴 항아리를 발견한다. 그런데 그녀는 곧바로 항아리를 땅에 묻어버리고는 다른 곳으로 이사를 간다. 그리고 나중에 남편에게 "갑자기 부자가 되는 것은 상서롭지 못합니다. 그런 까닭에 금을 취하지 않았습니다. 그 집에 그대로 눌러 있었다면 금이 묻혀 있는 곳에 마음이 항상 끌리지 않을 수 없었을 것입니다"라고 말했다.

이렇게 반듯한 어머니의 교육 때문에 김수팽은 일반 백성뿐만 아니라 당대 양반 사대부들에게까지 존경받는 사람이 되고 오늘날까지 대표적인 청백리 사례로 전해지고 있는 것이다.

내일은 어버이날이다. 어버이날은 산업화·도시화·핵가족화로 퇴색돼 가는 어른 봉양과 경로사상을 확산시키기 위한 범국민적 기념일이지만 점차 그 의미를 잃어가고 있다. 부모들이 올바른 도덕 교육보다는 자녀들의 출세와 성공만을 위해 수단과 방법을 가리지 않고 경쟁하는 법부터 가르친 것이 그 원인이 아닌가 하는 생각이 든다.

앞으로 보다 나은 우리 사회를 위해 어버이들이 나서서 가족과 공동체를 위한 교육을 해야 하지 않을까 생각한다.

-2014.05.07

# 매천 황현의
# 죽음

구한말 『매천야록』梅泉野錄이라는 역사서를 쓴 매천 황현黃玹(1855~1910)은 전남 구례 지리산 자락 깊은 곳에 살았다. 그는 성리학과 양명학을 공부했으며 이용후생을 강조한 깨어 있는 학자였다. 젊은 날 한양에 올라가 이건창, 김택영, 강위, 신기선 등 당대 내로라하는 문사文士들과 어울리며 세상을 개혁하는 데 참여하기도 했다. 하지만 당시 사회는 부정부패가 만연해 있었다. 그의 눈에 비친 조선은 '귀신의 나라'였고 '미친놈들이 다스리는 나라'였다. 그래서 그는 조정 지배층을 '귀국광인'鬼國狂人이라고 비판하며 미련 없이 낙향했다.

이후 매천은 1910년 8월 3일 순종이 나라를 일본에 넘긴 사실을 전해 듣고 절망에 빠진다. 그리고 8월 6일 절명시絶命詩와 자손들에게 남기는 유서를 쓴 뒤 아편을 다량으로 복용한다. 다음날 아침 동생 황완이 쓰러져 있는 매천을 발견하고 해독제를 먹이려 하니 매천은 이를 거부하며 "세상 일이 이 모양이니 선비가 마땅히 죽어야 할 것이다"라고 말한 뒤 7일 새벽에 숨졌다.

매천은 절명시 마지막 구절에 이렇게 썼다. '내 일찍이 나라를 지탱하는 작은 공도 없었으나 오직 살신하여 인仁을 이룸이요, 충忠은 아니로세.' 여기엔 일제에 나라를 빼앗겼음에도 불구하고 자신은 초야에 묻힌 선비로서 의병항쟁을 하지 못한 부끄러움과 죄책감이 잘 드러나 있다. 결국 그가 나라를 위해 할 수 있는 일은 자결밖에 없다고 판단한 것이다.

세월호 사태로 많은 사람이 희생된 데 이어 자책감에 괴로워하던 단원고 교감이 목숨을 끊었다. 상황이 이런데도 정부 관계자는 "청와대는 재난 컨트롤 타워가 아니다"는 무책임한 발언을 서슴지 않고, 국무총리 사의 표명은 오히려 책임 회피라는 비난을 받고 있다. 선대 국왕들은 천재지변이나 나라에 큰 변고가 생기면 모두 자신들 책임이라고 말하곤 했다.

그러나 현 정부는 잘못한 사람을 찾아 끝까지 책임을 추궁하겠다는 발표만 하고, 누구 하나 자기 책임이라고 소신 있게 나서는 사람이 없다. 아마 매천이 요즘 시대에 살았다면 또다시 '귀국광인'들이 설치는 세상이라고 말할 것이 뻔하다.

-2014.04.30

# 정조의
# 수재 水災 구제

1781년(정조 5년) 음력 8월 5일. 경상도 일대에 폭우가 쏟아지기 시작했다. 장마철이 지났음에도 불구하고 날이 갈수록 더욱 세차게 내리는 비는 열흘 동안이나 그치지 않고 내렸다. 갑작스러운 폭우로 인해 경상도 일대 대부분 고을은 극심한 수재 水災를 입었다. 무려 11개 고을에서 대부분의 집이 무너지고, 139명이나 물에 빠져 죽었다. 평소 백성을 위한 정치를 하고자 노력했던 정조로서도 하늘이 내린 재앙은 피할 수 없는 상황이었다.

정조는 국난을 극복하기 위해 일단 경상감사 이문원에게 온 마음을 다해 수재를 당한 백성들의 마음을 위로하게 했다. 무엇보다 비 피해를 입은 백성들의 마음 치유를 가장 중요하게 생각한 것이다. 그리고 폭우에 휩쓸려 죽은 이들 가족 전체에게 환곡과 각종 세금을 탕감해 주었다. 경상감영에서는 이재민들에게 임시 거처를 마련해 준 뒤 폭우로 쓸려나간 가옥들은 무상으로 다시 지어주었다.

그런데 수재 피해를 처리하는 과정에서 차마 있을 수 없는 일이 발생한다. 폭우로 인해 당시 합천 관아 식량창고에 보관하던 쌀, 콩, 조 2000여 석이 물에 잠겼는데, 합천군수 신홍영은 비가 그친 후에도 이를 말리지 않고 방치했다가 다 썩히고 만 것이다. 원래는 젖은 곡식을 잘 말려서 백성들에게 나눠 주어야 했으나 수재가 난 해당 고을 수령들은 조정에 피해 상황을 제대로 보고하지도 않았다. 이런 상황을 뒤늦게 파악하게 된 정조는 공법公法으로 도저히 용서할 수 없는 일이라 판단하고 신홍영을 파직한 뒤 해당 수령들에게 강력 경고했다. 위기 상황에서 정확한 보고만이 피해를 빠르고 올바르게 해결할 수 있다고 판단했던 정조는 이후 직접 관리들을 감독하며 정확한 수재 피해 보고를 받았다.

진도 앞바다에서 침몰한 여객선 세월호 때문에 현재 온 국민이 큰 슬픔에 빠져 있다. 신속한 구제대책 없이 희생자와 구조자 집계도 수차례나 오락가락하는 정부와, 유가족들 슬픔을 위로하기는커녕 유가족들 앞에서 라면을 먹고 기념촬영을 시도하는 일부 몰지각한 정부 관리들 때문에 국민적 분노가 이만저만이 아니다. 신속한 사고 수습과 함께 정부가 부디 유가족들과 미처 피워 보지도 못하고 생을 마감한 안산 단원고 학생들의 한을 풀어줄 방안이 무엇인지 신중히 고민하기 바란다.

-2014.04.23

# 정약용의
## 서모 庶母

    다산 정약용은 여덟 살 어린 나이에 친어머니(해남 윤씨)를 여의는 아픔을 겪는다. 4년 뒤 다산 아버지 정재원은 5남매 자식들을 위해 동지중추부사 김의택金宜澤의 서녀인 스무 살 김씨를 측실로 삼았다. 그녀는 작은 체구에 말수가 적었지만 영민하고 천성이 온화해 가족들을 화평케 했다.

    새어머니를 맞을 당시 열두 살이었던 다산은 머릿니가 많고 몸에 부스럼도 잘 났다. 그동안 그를 챙겨줄 사람이 없었기 때문이다. 다산과 불과 여덟 살밖에 차이 나지 않던 서모 김씨는 다산에게 손수 빗질해주고 부스럼 때문에 생긴 고름과 피도 닦아주었다. 그리고 다산의 옷을 빨래하고 꿰매며 친어머니 이상으로 정성을 쏟았다. 그러다 다산이 15세에 장가를 간 뒤로는 자연스럽게 그의 수발을 그만두었다.

    사실 다산 집안은 원래부터 가난했다. 아버지 정재원이 10여 년간 지방관 생활을 했지만 청렴결백해 경제적 여유가 없었던 탓이다. 가난한 집안에 시집온 서모 김씨는 악조건에도 불구하고 가정을 잘 이끌었고, 1792년 남편이 죽고 난 뒤에도 배다른 자식들의 건강과 생계를 위해 정성을 다했다.

이후 다산이 1801년 신유사옥으로 유배를 떠나자 김씨는 늘 그를 걱정했다. 그리고 친자식이나 다름없던 다산을 끝내 보지 못해 안타깝다는 유언을 남기고 1813년 7월 60세 나이로 세상을 떠난다. 유배지에서 서모 김씨가 사망했다는 소식을 들은 다산 또한 비통하기 이를 데 없었다. 애틋한 마음을 담아 그는 서모 묘지명墓誌銘을 직접 지어 김씨를 추모했다. 모자母子의 인연이란 이런 것이다.

최근 의붓어머니가 아이를 폭행해 사망에까지 이르게 한 울산 계모 사건에 대해 법원이 징역 15년, 칠곡 계모 사건은 징역 10년을 선고하자 온 국민이 분노하고 있다. 이들 사건은 살인죄가 아닌 상해치사죄가 적용돼 상대적으로 낮은 형량을 받았기 때문이다. 요즘 우리 사회에는 이혼과 재혼이 늘어나면서 각 가정에서 친자식이 아닌 다른 이가 낳은 아이를 키우는 사례가 많아지고 있다. 미래를 이끌어 갈 아이들이 더 이상 이유 없는 학대와 고통을 받아서는 안 된다. 그들이 받은 고통이 결국 먼 훗날 우리에게 고스란히 되돌아올 수 있음을 명심해야 한다.

−2014.04.16

# 점<sup>占</sup>

점<sup>占</sup>

1597년 5월 10일. 원균에게 모함을 당해 삼도수군통제사에서 해임당하고 백의종군하여 전남 구례에 머물고 있었던 이순신에게 장님 점쟁이 임춘경<sup>任春景</sup>이 찾아왔다.

당시 이순신은 한 달 전 어머니가 돌아가신 데다 원균의 모함은 계속되고 선조는 의심을 풀지 않고 있어 미래가 암울하기만 했다. 그런 그에게 임춘경이 찾아와 조언을 한 것이다. 아쉽게도 그 내용이 무엇인지는 난중일기에 기록돼 있지 않다.

그리고 임춘경과 운세에 대한 이야기를 나눈 이틀 뒤인 5월 12일, 이번엔 주역<sup>周易</sup>으로 괘를 뽑아 점을 치는 신홍수<sup>申弘壽</sup>가 이순신을 찾아온다. 신홍수는 이순신을 만난 자리에서 원균에 대한 괘를 뽑았다. 그가 뽑은 괘는 '수뢰둔'으로 기운이 최악으로 험난한 괘였다. 그리고 수뢰둔이 변해 '천풍구(여자가 지나치게 거센 괘로 흉사를 만날 확률이 높다)' 괘로 변한다는 결과를 얻었다.

아마도 이순신은 자신이 언제쯤 뜻대로 잘 풀릴지 임춘경에게 물어 봤을 테고, 신홍수에게는 자신을 괴롭히는 원균의 운세를 물어봤던 것 같다. 그리고 신홍수가 내놓은 점괘처럼 원균은 두 달 뒤 남해 칠천량漆川梁 앞바다에서 대패해 전라우수사 이억기, 충청수사 최호 등과 함께 최후를 맞았다. 이후 이순신은 다시 삼도수군통제사가 돼 명량鳴梁에서 겨우 배 13척으로 왜선 133척을 무찔렀다. 이 싸움으로 조선은 다시 해상권을 회복하게 된다.

사실 이순신은 전쟁터에서 본인이 자주 점을 쳤다. 특히 난중일기 에는 그가 동전이나 윷을 던져 점을 친 '척자점'에 대한 기록이 많이 나온다. 그는 단순히 호기심으로 점을 치지는 않았다. 목숨을 걸고 진 중에 나선 병사들과 나라의 운명을 놓고 점을 쳤다. 최근 6·4 전국지 방동시선거를 앞두고 당선 가능성을 알고 싶어하는 선거출마자들로 역 술인들 집 앞이 문전성시라고 한다. 하지만 점占이라는 것은 이순 신처럼 매사에 최선을 다한 뒤 인간이 알 수 없는 경지 의 일에 대해 하늘에 물었을 때 맞을 확률이 높다. 따라 서 선거에 나선 이들은 무작정 점집으로 향할 것이 아니라 '민심民心이 천심天心'이라는 생각으로 유권자들 생각부터 읽어야 할 것이다.

-2014.04.09

# 악법

광해군을 폐위시키고 인조를 왕으로 만든 인조반정 주역 심기원沈器遠은 그 공적을 인정받아 1642년 좌의정까지 올랐다. 그런 그에게 김자점金自點은 평생의 경쟁자였다.

자신과 함께 목숨을 걸고 반정을 추진했음에도 불구하고 반정 이후 권력 다툼 때문에 김자점과 원수가 된 것이다. 그러던 중 1644년 심기원은 자기 호위대와 모의해 회은군懷恩君 이덕인李德仁을 국왕으로 추대하려는 모반을 꾀한다. 인조의 통치 행태가 마음에 들지 않았기 때문이다. 그러나 심기원의 부하 일부는 이런 계획을 당시 훈련대장에게 밀고하게 되고 결국 심기원 일당의 역모는 탄로가 나버린다.

심기원에게 늘 불만이 있던 김자점은 인조에게 '산 채로 능지처참하는 법'을 시행해 달라고 청했다. 조선시대에는 대역죄인일 때 능지처참형을 시행하기는 했지만 이는 사형 이후에 집행한 것이다. 그런데 김자점은 심기원을 살아 있는 상태에서 팔과 다리를 자른 후에 죽이자고 왕에게 건의한 것이다.

이런 사실을 전혀 모르고 사형장에 끌려갔던 심기원은 형틀에 엎드려 있다가 집행관이 다리를 먼저 자르려 하자 크게 놀랐다. 그리고 형 집행관에게서 김자점이 새로 만든 형벌이라는 말을 듣고 탄식하며 "김자점도 반드시 이런 형벌을 당할 것"이라고 말하고는 형장의 이슬로 사라졌다.

　　실제로 김자점은 인조가 죽은 뒤 유배를 간 이후 1651년 효종을 제거하고자 하는 역모를 꾸미다가 심기원이 예언한 것처럼 그 역시 산 채로 능지처참을 당한다. 김자점 사형 집행 이후 산 채로 능지처참하는 법은 너무나 잔인무도하다 하여 폐지됐다.

　　최근 하루 일당을 5억원으로 책정한 한 그룹 회장의 황제 노역 덕분에 온 국민의 분노가 극에 달했다. 일반인은 하루 노역 일당을 5만원으로 책정하면서 세금 수백억 원을 포탈한 회장에게는 일반인의 1만배에 해당하는 일당을 매긴 것이다. 더구나 이런 판결을 내린 해당 법원장이 문제가 된 그룹과 부동산 거래까지 한 사실이 밝혀지면서 사퇴해 대한민국의 법치 정의마저 흔들리고 있다. 국민의 상식을 벗어나는 이런 어이없는 악법과 재판이 다시는 되풀이돼서는 안 될 것이다.

-2014.04.02

# 운석隕石

　　조선시대에는 나라에 괴이한 일이 생길 경우 '해괴제'解怪祭라는 제사를 지내 이를 해소하고자 했다. 가령 지진이 일어나거나 하늘에서 운석이 떨어진 경우 조정은 어김없이 해괴제를 올렸다.

　　특히 당시 사람들은 운석을 무척이나 두려워했는데, 자연과학에 대해 뛰어난 식견을 갖고 있던 세종마저 1423년(세종 5년) 황해도 강음현에 운석이 떨어지자 해괴제를 지내게 할 정도였다. 이는 운석이 단순한 천문현상에서 비롯된 것이 아니라 국왕을 비롯한 정치지도자들이 국정운영을 제대로 하지 못해 하늘이 경고를 주는 것이라 생각했기 때문이다. 유학 경전인 『춘추』春秋에도 '돌이 떨어졌다石隕'고 표현하지 않고 '돌을 떨어지게 했다隕石'고 표현한 것을 보면 조선 백성들이 이런 믿음을 가졌던 것도 큰 무리는 아니라는 생각이 든다.

　　실제로 연산군의 무뢰하고 횡포한 정치가 극에 달하던 1505년(연산 11년) 1월 14일 운석이 떨어졌는데, 신복의申服義란 사람은 "연산군의 폭정으로 인해 운석이 떨어졌다"고 말했다가 감옥에 갇히기도 했다. 또한 여주女主로 자처하던 문정왕후의 권력 남용이 심하던 1563년(명종 18년) 2월 경상도 산음현 북리에 운석이 대규모로 떨어지자 당시 사관은 정사政事가 해이하고 쇠퇴할 때 떨어진다고 기록하였다. 조선후기 대학자 송준길 역시 "하늘이 돌을 떨어뜨리는 재변이 생기는 것은 인사人事의 잘못이니 재변을 그치게 하려면 국왕이 몸을 닦고 반성하는 도리가 있어야 한다"고 강조하기도 했다.

지금 대한민국에서는 운석 열풍이 대단하다. 최근 경남 진주시에서 발견된 운석의 가치가 순금의 40배라는 소문이 퍼지면서 마치 골드러시처럼 사람들이 운석 찾기에 나선 것이다. 옛 사람들은 운석 하나만 떨어져도 하늘이 내리는 큰 경고로 이해하고, 마음을 바로잡고 겸손하게 행동했는데 요즘 사람들은 경고는커녕 운석을 신종 노다지 정도로 인식하고 있으니 통탄할 일이다. 부디 국정운영자들은 서민들의 '신기루' 현상에 휩쓸리지 말고 선조들의 지혜를 본받아 몸과 마음을 바르게 하는 계기로 삼았으면 좋겠다.

-2014.03.26

# 후삼국의
# 통일

패기와 용맹으로 후백제를 세운 견훤(867~936)에게는 강력한 라이벌이 한 명 있었다. 그것은 바로 궁예를 몰아내고 고려 태조가 된 왕건(877~943)이었다. 이 두 사람은 전장에서 박빙의 승부를 펼쳤는데 대결 초반에는 견훤이 훨씬 우세했다. 그런데 견훤은 왕건이 아닌 바로 자신의 아들 때문에 왕위에서 물러나게 된다. 견훤에게는 여러 부인으로부터 얻은 아들 10명이 있었는데, 견훤은 그중 키가 크고 지혜로운 넷째 아들 금강에게 왕위를 물려주려 했다. 그러자 금강보다 위인 신검과 양검, 용검 등 나머지 아들들이 함께 모의해 금강을 죽여 버리고 아버지 견훤을 폐위한 뒤 금산사(전북 김제) 불당에 가둬 버린다. 당시 견훤의 나이 69세였다.

아들들에게 배반당하고 금산사에 유폐된 견훤의 분노는 극에 달했다. 금산사에 갇힌 지 3개월 뒤 견훤은 자신을 감시하는 군사들에게 술을 먹여 취하게 한 뒤 나주로 도망친다. 그리고 그곳에서 자신의 최대 라이벌이었던 왕건을 자청해 만난다. 뜻밖의 요청에도 불구하고 왕건은 견훤을 극진하게 대접한 뒤 자신보다 열 살이 많다며 그를 '상부'

尙父라고 부르기까지 했다. 자신이 세운 후백제를 아들에게 빼앗긴 견훤은 신검을 죽인 뒤 후백제를 멸망시키고 싶었다. 그래서 염치 불구하고 왕건에게 후백제 정벌을 건의한다.

이에 왕건은 930년 신라의 경순왕에게 우선 항복을 받아낸 다음, 6년 뒤인 936년 견훤과 말고삐를 나란히 하고 10만여 명의 군대를 동원해 신검으로부터 항복을 받아내 후삼국 통일의 위업을 달성한다. 3국의 통일은 외세의 힘을 전혀 빌리지 않은 것이었고, 통일 후 왕건은 빈민을 구제하고 조세를 크게 낮추는 등 백성을 위한 정치를 펼쳤다는 점에서 대단히 높이 평가할 만한 일이다.

정부가 오는 4월 중 '통일준비위원회'를 출범할 예정이다. 남북이 분단된 지 60년 만의 일이다. 위원장은 대통령이 맡고 약 50인의 정부·민간위원들이 참여해 통일을 준비해나간다는 계획인데, 부디 통일준비위원회가 남북의 화해와 긴장 완화를 가져오고 경제 교류를 주도하며 제대로 된 통일을 준비하는 데 만전을 다하길 기대해 본다.

-2014.03.19

# 준경묘 濬慶墓

　　강원도 삼척시 미로면 활기리에 자리 잡은 준경묘濬慶墓는 조선 태조 이성계의 5대조 할아버지인 이양무李陽武의 무덤이다. 이곳에는 큼지막한 소나무들이 곧게 뻗은 자태를 자랑하며 한국에서 가장 아름답다는 소나무 숲길을 형성하고 있다. 이곳 소나무는 '황장목'이라고 불리며 경복궁 중수 때 자재로 사용될 만큼 품질도 극상이다.

　　이성계는 조선을 건국하고 명나라 예법에 따라 4대조인 이안사부터 아버지 이자춘까지 종묘에 모시고 이들을 국왕으로 추존했다. 4대 추존 원칙 때문에 5대조인 이양무는 국왕 추존에서 빠졌다. 더구나 이양무의 무덤은 1392년 조선이 건국된 이후 찾을 수가 없었다. 이양무의 아들 이안사가 삼척에서 함흥으로 이주한 뒤 원나라 관리가 되고 오랜 세월이 지나면서 정확한 묏자리를 아는 후손들이 없어졌기 때문이다. 이후 태조를 비롯해 태종 세종 등 역대 조선 국왕들은 이양무의 묘를 찾고자 지관을 동원하는 등 부단한 노력을 기울였다.

　　순수 혈통에 대한 콤플렉스를 갖고 있던 조선 26대 임금 고종 역시 이양무의 무덤을 찾으라고 신하들에게 지시한다. 그의 할아버지인 남연군은 인조 아들인 인평대군의 6대손으로 조선왕실의 방계일 뿐이었고 직계 선조들 역시 제대로 된 국왕은 없었다. 따라서 고종은 사도세자를 국왕으로 추존하여 자기 가문에도 국왕이 있고 자신이 국왕의 적통이라는 명분을 만들었다. 이와 함께 이양무의 묘를 찾아내 선대의 그 누구도 하지 못한 일을 한 국왕이라는 것을 백성들에게 보여 자신만의 권위를 세우려 했다. 결국 이런 고종의 욕망 때문에 그 위치를 정확하게 알 수 없던 이양무의 무덤이 현 위치에 정해지고 준경묘로 이름 붙게 된 것이다. 하지만 아직까지도 이곳은 진위 논란에서 자유롭지 못하다.

최근 숭례문 복원공사를 위해 문화재청이 준경묘에서 가져온 금강송 일부를 공사 관계자가 빼돌렸다는 사실이 밝혀졌다. 참으로 안타까운 일이다. 이는 국민에게 또 한 번 씻을 수 없는 상처를 안겨준 셈이다. 당국은 철저한 수사를 통해 준경묘 금강송이 어떻게 쓰였는지 한 점 의혹 없이 밝혀야 할 것이다.

-2014.03.12

# 서대문 감옥

신민회 회원 안중근 사촌동생인 안명근은 1910년 12월 27일 일제의 대륙 침략 관문인 압록강 철교 준공식에 초대 조선총독인 데라우치가 참석할 것이라는 소식을 들었다. 그는 이를 기회로 삼아 안중근처럼 의거를 일으키려 했지만 일본 경찰에 잡히고 말았다. 일제는 이 사건을 계기로 1911년 1월 전국 모든 경찰병력을 동원해 김구金九 선생을 비롯한 신민회 민족지도자 600인을 검거한다.

이로 인해 경성총감부로 끌려간 김구는 수족을 결박당하고 고문실 천장에 매달렸다. 그는 천장에 매달린 채 몇 날 며칠을 몽둥이로 구타를 당한다. 김구는 엄청난 고문을 받으면서도 끝까지 저항하다 무려 15년형을 선고받고 서대문감옥(서대문형무소)으로 이감된다. 당시 서대문 감옥은 수인囚人 총수가 2000여 명에 달했는데 대부분 의병들이었다.

김구는 콩, 좁쌀, 현미 등이 섞인(한 끼에 겨우 30g밖에 안 되는) 밥을 먹으며 연명했다. 당시 간수들은 김구를 비롯한 전 수감자들에게 식사 전 무릎을 꿇고 고개 숙여 일왕에게 감사 인사를 하게 했다. 간수들은 수감자들에게 책은 아예 읽지 못하게 했고, 지식인들 간 대화를 막았으며, 좁은 방에 20명씩 강제로 집어넣고 하루 종일 움직이지도 못하게 했다. 또 죄수들에게 붉은 옷을 입혔는데 두께가 너무 얇아 한겨울에는 수감자들이 시커멓게 얼어 죽었다. 수많은 독립운동가들 목숨을 앗아간 서대문감옥은 그 자체로 지옥이었다.

최근 서대문형무소를 세계문화유산으로 등재하기 위한 시민모임이 발족됐다. 그런데 어이없게도 일본은 2차 세계대전 군수공장인 나하타 제철소와 강제징용지이며 '지옥의 섬'이라 불리던 군함도(軍艦島)를 세계문화유산으로 등재 신청했다. 참으로 기가 막힐 노릇이다. 자신들 잘못을 반성하지 못하는 일본인들이 가엾기까지 하다. 앞으로 우리는 일제 강점기 항일운동과 반제국주의 상징인 서대문형무소를 세계유산으로 등재해 진정한 세계평화가 무엇인지, 진정한 자유가 무엇인지 세계인들에게 반드시 알려주어야 할 것이다.

-2014.03.05

# 가쓰라-태프트 밀약

　미국 26대 대통령 시어도어 루스벨트는 일본 사무라이 정신을 높이 숭상했고 일본인을 좋아했다. 그리고 그는 19세기 말 사회적·정치적 혼란으로 흔들리고 있던 조선에 대해 경멸감을 갖고 있었다. 당시 주한 미국공사인 알렌은 루스벨트에게 일본의 한반도 지배 야욕이 커지고 있어 극동에서 미국과 대결할 수 있다고 경고했다.

　그러나 루스벨트는 동북아시아에서 일본을 키워 러시아의 남하를 막아야 한다고 주장했다. 1905년 1월 러일전쟁에서 일본이 우세해지자 그는 "조선인들은 자신을 방위하기 위해 한 주먹도 날릴 수 없기 때문에 미국은 조선을 위해 개입해 줄 여지가 없다"며 한반도에 대한 지배권을 일본에 맡겨야 한다고 했다. 결국 루스벨트 지시를 받은 미국 육군장관 태프트<sup>W H Taft</sup>는 1905년 7월 29일 도쿄로 가서 일본 총리 가쓰라桂太郎와 함께 비밀 협정에 서명한다. '가쓰라-태프트' 밀약이라 불리는 이 서명의 골자는 다음과 같다.

　첫째, 일본은 필리핀에 대해 하등의 침략적 의도를 품지 않고 미국의 지배를 확인한다. 둘째, 미·일·영 3국은 극동 지역 평화를 유지하기 위해 실질적으로 동맹 관계를 유지한다. 셋째, 러일전쟁 원인이 된 조선은 일본이 지배할 것을 승인한다. 당시 조선 사람들은 미국이 자신들을 일본의 영향력에서 벗어나게 해줄 것이라고 생각했지만, 미국은 조선을 돕는 척하면서 실제로는 일본에 우리나라의 지배권을 넘긴 셈이다.

최근 미국 의회조사국CRS이 '한·미 관계' 보고서에서 동해 명칭을 '일본해'Sea of Japan로 단독 표기하고 독도와 다케시마Takeshima를 동시 표기한 사실이 알려졌다. 그동안 한반도 관련 보고서에 'Sea of Japan / East Sea'로 동해와 일본해를 병기하고 독도만을 쓰던 방침을 철회한 것이다. 결국 미국은 일본과 관계를 의식해 다시 한 번 우리나라 국민을 실망시켰다. 더 이상 미국이 과거와 같은 잘못을 되풀이하지 않기를 바란다. 동해와 독도 표기, 반드시 제자리로 돌려놓아야 한다.

-2014.02.26

# 러시아 공사 베베르<sup>Veber</sup>

1894년 청·일 전쟁에서 승리한 일본은 시모노세키 조약을 맺어 청에서 대만, 평후<sup>澎湖</sup> 섬, 랴오둥<sup>遼東</sup> 반도를 얻어냈다. 하지만 당시 만주 진출을 기도하고 있던 러시아는 이에 위협을 느끼게 되고, 독일과 프랑스 측 지지를 얻은 뒤 청에 랴오둥 반도를 돌려주라고 일본에 압박을 가한다. 러시아·독일·프랑스 압력에 결국 일본은 랴오둥 반도 지배를 철회하는데, 이것이 바로 삼국간섭이다.

당시 맹활약한 인물이 바로 조선에 주재하던 초대 러시아 공사 베베르다. 그는 당시 조선 주재 프랑스·독일 영사와 협의해 3개국을 모두 움직인 뒤 일본에 압력을 가하게 한 것이다. 1875년 강화도조약 이후 일본 때문에 전전긍긍하던 고종은 삼국간섭 이후 러시아의 위력을 새삼 느꼈고, 이를 주도한 베베르 공사에 대해 전폭적인 신뢰를 보내기 시작한다. 고종은 또 왕비 민왕후와 더불어 러시아와 친하게 지내고, 일본을 멀리하는 이른바 '인아거일'<sup>引俄拒日</sup> 정책을 추진하기에 이른다.

사실 베베르는 고종의 신임을 얻기 위해 의도적으로 존경과 예의를 표했다. 궁궐에 입궁할 때면 고종에게 허리를 숙이고 존대어를 구사했고, 그의 사촌 여동생으로 알려진 손탁Antoniette Sontag은 민왕후 개인 비서이자 국제 정세에 대한 고문관으로 활동하며 신뢰를 쌓았다. 당시 일본 공사였던 미우라 고로는 고종을 만날 때 칼을 차고 군화를 신은 채 궁에 들어왔고, 청나라 위안스카이는 근정문까지 가마를 타고 들어오는 등 일본과 청은 무례가 극에 달했다. 이때 베베르는 고종과 민왕후에 대해 최대한 예우를 갖췄으니, 러시아에 대한 고종의 애정은 다른 그 어떤 나라보다도 각별할 수밖에 없었다.

최근 소치에서 열리고 있는 동계올림픽에서 러시아로 귀화한 안현수가 '빅토르 안'이라는 이름으로 금메달과 동메달을 따며 선전하고 있다. 인재를 지키지 못한 우리 책임이 크다고 할 수 있다. 안현수 선수가 부디 조국인 대한민국을 원망하지 말고 대한민국과 러시아를 위한 가교가 되기를 희망한다.

-2014.02.19

# 온돌

조선의 16대 국왕 인조는 도성을 둘러싼 목멱산(현 남산)과 인왕산, 북악산을 보며 늘 탄식하곤 했다. 산에 가득 쌓인 솔잎들 때문에 자주 산불이 났기 때문이다.

산불이 한번 나면 수십, 수백 채의 가옥이 불에 타 길거리에 나앉는 백성들이 부지기수였다. 인조의 이런 심정을 알고 있던 신하 김자점이 어느 날 꾀를 하나 낸다. 바로 도성 내의 집집마다 온돌을 보급하는 것이었다.

흔히 조선시대 백성들은 모두 온돌에서 살았을 것이라 생각하지만 그렇지 않다. 왕실과 오늘날의 여관인 객줏집을 제외하고는 대다수 백성들의 집에는 온돌이 없었다. 집안의 방은 모두 마루로 만들어져 한겨울에는 병풍과 두꺼운 깔개를 깔아 한기와 습기를 막아야 했다. 병자들이나 노인들이 거처하는 곳에 특별히 온돌을 설치하는 경우가 있기는 했지만 그것 역시 귀한 편이었다.

김자점은 도성 내 모든 백성들의 가옥에 온돌을 설치하면 사람들이 주변 산에 가득한 솔잎을 가져다가 불을 땔 것이라 생각했다. 그러면 산에는 골칫거리인 솔잎이 없어지고, 자연스럽게 산불도 줄어들 것이라 생각한 것이다. 그런데 막상 왕명으로 온돌이 널리 퍼지자 뜻하지 못한 상황이 발생하기 시작한다. 한겨울을 춥게만 지내던 백성들이 온돌의 따뜻한 맛을 본 뒤로는 집 밖으로 안 나오는 것이었다. 한창 일을 해야 하는 젊은이들까지 따스한 방 안에만 있다 보니 다들 게을러지고, 더구나 사람들이 솔잎을 가져가는 정도가 아니라 산에 있는 나무들까지 모조리 베어가서 산은 민둥산이 돼버렸다. 나무 값과 숯 값 역시 갈수록 올랐다. 좋기만 할 줄 알았던 온돌이 산을 황폐화시키고, 백성들의 강인한 근성을 없애버린 것이다.

최근 입춘이 지났음에도 한기가 가득하고 강원도에는 엄청난 폭설이 내렸다. 한여름과 마찬가지로 한겨울에도 전력 공급난이 심각하다고 한다. 이런 때일수록 무조건 난방기구를 찾기보다는 추위를 두려워하지 말고 전기를 절약하고, 주위의 이웃을 돌아보며 겨울을 극복하는 자세를 가져보면 어떨까. 몸보다 마음이 더 따뜻해질 것이다.

-2014.02.12

# 안용복

1693년(숙종 19년) 봄, 경상좌수영 군인 출신 어부 안용복과 어부 40여 명이 탑승한 대형 선박 한 척이 울릉도로 들어왔다. 안용복이 울릉도에 도착했을 때 섬에서는 이미 왜선倭船 여러 척이 조업을 하고 있었다. 이를 보고 분노한 안용복은 "함부로 조선 땅을 침입했다"며 왜인들에게 호통을 쳤다. 당시 부산에 있는 왜관倭館에 자주 드나들어 일본어에 능숙했던 안용복의 호통에 깜짝 놀란 왜인들은 자신들의 근거지로 돌아갔다.

그런데 안용복은 이에 그치지 않고 왜인들을 뒤쫓아 일본 돗토리현 호키伯耆주까지 가게 된다. 당시 안용복은 무관 복장을 하고 자신이 '울릉자산양도감세'鬱陵子山兩島監稅라 행세하며 호키주 태수와 에도 막부 관리들에게 울릉도와 독도 등 그 일대 섬이 조선 영토임을 주장한다.

안용복을 조선 정부 관리로 생각한 막부 측은 안용복의 논리적인 주장에 '울릉도와 그 일대 섬은 조선 땅이므로 앞으로 일본 어부 출입을 금지시키겠다'는 문서를 발행해준다. 안용복은 비록 정부 관리로 거짓 행세를 하긴 했지만, 당시 조선 정부도 하지 못했던 일을 한 개인이 자발적으로 했다는 점에서 그의 공로는 높이 평가해야 한다.

사실 조선은 임진왜란 이후 울릉도와 주변 섬들이 너무 멀어 세금을 거두기가 어렵다는 이유로 섬에 살지 못하게 하는 공도空島 정책을 썼다. 현재까지 한·일 간 독도 분쟁 빌미를 제공한 잘못된 정책이었다.

지난달 30일 아베 신조 일본 총리가 참의원 본회의에서 독도 영유권 문제에 대해 "국제사법재판소ICJ 단독 제소를 검토 중"이라고 발언한 바 있다. 이에 우리 정부는 즉각 "ICJ 제소 검토 운운 자체가 허언이고, 무의미한 짓이란 것을 스스로 잘 알 것"이라고 일축했다.

과거 역사 자료에서 독도가 우리 땅임을 밝힌 수많은 근거들이 있다. 우리 정부와 국민은 일본의 얄팍한 술수에 휘둘리지 말고 진중한 자세로 독도 문제에 접근하고 해결해야 할 것이다.

-2014.02.05

# 숙정문과
# 설날

　　조선시대 한양과 경기 지역에 살던 여성들은 설날이 되면 숙정문<sup>肅</sup><sup>靖門</sup>에 가서 기도를 올리는 풍습이 있었다. 북한산 동쪽 삼청동과 성북동이 만나는 계곡 끝자락에 자리 잡고 있는 숙정문은 남대문·동대문·서대문과 함께 서울성곽 4대문 중 하나로 '북대문'이라고도 불린다.

　　조선 여인들이 특히 이곳을 찾은 까닭은 음기<sup>陰氣</sup>가 강해 최고의 기도처라고 소문났기 때문이다. 1413년(태종 13년) 당시 풍수가로 이름난 최양선은 숙정문을 막아야 한다고 상소를 올리기도 했다. 표면적 이유는 백악산 동쪽 고개와 서쪽 고개가 경복궁의 양팔에 해당되므로 여기에 문을 내서는 안 된다는 것이었다. 하지만 실제 이유는 음기가 강해 여인들이 음란해지고 풍속을 해친다는 이유 때문이었다. 태종은 그의 말만 믿고 숙정문을 폐쇄했다. 또 길에 소나무를 심어 통행을 금지했다.

　　그런데 숙정문을 폐쇄한 후부터 도성에 이상한 소문이 돌기 시작한다. 정월 초하룻날 도성 여인들이 숙정문에 손을 대고 기도하면 소원이 이루어진다는 것이다. 서민들뿐 아니라 사대부 집안 여인들까지 이 소문을 믿고 숙정문을 찾기 시작했다. 사실 새해 첫날부터 일반 가정에 있는 여인들이 숙정문에 가기란 힘든 일이었다. 명절 준비를 해야 했기 때문이다. 그래서인지 언제부턴가 새해 첫날뿐만 아니라 정월대보름 때까지 숙정문에 가서 기도하면 소원이 이뤄지는 것으로 바뀌었다. 그리고 그들은 이 기간 자신과 가족을 위해 정성껏 기도를 드렸다.

이제 곧 진정한 갑오년 새해를 맞는 설 연휴가 시작된다. 이때만 되면 많은 여성들은 명절을 맞는 기쁨보다는 차례를 준비하는 것 때문에 스트레스를 받기도 한다. 명절에 대한 사회적 인식이 바뀐 만큼 설 준비를 무조건 여성들에게만 맡기기보다는 가족 구성원 모두가 나서서 도와주는 자세가 필요하다. 또 설이 끝나면 그들에게 충분한 휴식을 줘야 할 것이다. 그래야 기쁜 마음으로 가족과 본인을 위해 기도를 할 수 있을 것이다.

-2014.01.29

# 안중근 의사

1909년 10월 26일 오전 7시. 하얼빈역은 일본인들로 인산인해를 이뤘다. 러시아와 외교관계를 맺으려는 조선 통감 이토 히로부미伊藤博文가 방문하기 때문이다. 낡은 양복을 입은 안중근은 일본인들 틈에 끼어 자연스레 역사 안으로 들어갔다. 당초 러시아 당국은 혹시라도 있을 이토에 대한 암살 시도를 막기 위해 동양인들에 대한 검문을 실시하자고 일본 측에 제안했지만 일본 당국은 자국민이 자유롭게 출입할 수 있도록 하기 위해 검문을 거절했다.

오전 9시 15분, 기차가 멈추고 군악대 연주가 울렸다. 일장기를 높이 든 일본인들 만세 소리를 들으며 이토는 러시아 재무상 코콥체프와 함께 러시아 군대를 열병하기 위해 앞으로 걸어 나오고 있었다.

주머니 안에 들어 있는 브로닝 7연발 권총을 손에 쥔 안중근은 그 순간 열병대 앞으로 뛰어나갔다. 그리고는 이토 가슴에 총탄 세 발을 발사했다. 러시아 군인들과 일본인들은 당황해서 아무도 움직이지 못했다. 안중근은 자신이 저격한 사람이 이토가 아닐 수도 있다는 생각에 당시 맨 앞에서 행진하던 하얼빈 총영사 가와카미 도시히코 등 일본인 세 명을 향해 다시 총을 쐈다. 거사 직후 그는 하늘을 향해 큰 소리로 '대한민국 만세'를 세 번 외쳤다. 또 손뼉을 치고 크게 웃으며 "내가 도망갈 줄 아느냐. 내가 도망갈 생각을 했다면 죽음터에 들어서지도 않았을 것이다"라며 하얼빈역에 당당하게 서 있었다.

지난 19일 하얼빈역에 '안중근 의사 기념관'이 개관했다. 중국 정부는 "기념관을 세운 가장 중요한 목적은 일제 침략 역사를 회고하고 직시하려는 것"이라고 밝혔다. 하지만 일본 정부 관계자는 "일본 초대 총리를 살해해 사형 판결을 받은 테러리스트"라며 기념관 개관에 항의했다.

일본 정부는 이런 항의보다는 자신들이 일으킨 한반도 침략과 태평양 전쟁에 대해 먼저 사과하는 것이 올바른 수순일 것이다. 그것이 바로 안중근 의사가 그토록 주장했던 '동양평화론'을 실현하는 전제조건이다. 일본이 반성하지 않는다면 한·중·일 3국의 평화는 요원하다.

-2014.01.22.

# 윤지충<sup>尹持忠</sup>과
# 신해박해

1791년 11월 13일 오후 3시. 차디찬 바람이 몰아치는 전주 풍남문 밖 마당에서 두 사람의 목이 잘려나갔다. 윤지충과 권상연이었다. 고산 윤선도의 후예로 번성한 해남윤씨 집안에서 태어난 윤지충은 집안의 기대를 한 몸에 받으며 전라도 진산(현 충남 금산)에서 성장하였다.

그런 그에게 사촌 형제 정약용이 찾아와 신분 차별을 없애고 평등한 세상을 만들 수 있다는 천주학의 가치를 이야기하고 천주님을 받들어야 한다고 했다. 그는 외사촌 형제인 권상연과 함께 천주학을 받아들였다.

그런데 1790년 청나라에 있던 구베아 주교가 조상에 대한 제사를 금지하라는 지시를 내리게 되고 이런 소식이 조선에까지 전파된다. 오로지 하느님만을 믿고 숭배해야 하는 천주교에서 조상 숭배는 바로 미신이었기 때문이다. 천주교가 제사를 금지한다는 소식에 정약용은 물론 정약전 이가환 등 기존에 천주교를 신봉했던 학자들과 수많은 신자들이 천주교를 버린다.

그럼에도 불구하고 윤지충은 끝까지 신앙을 버리지 않았다. 그러던 차에 어머니가 세상을 떠나게 되는데, 그는 미련 없이 어머니 신주를 불 태우고 제사를 지내지 않았다. 천주교 교리에 어긋났기 때문이다. 권상 연 역시 윤지충과 똑같이 행동해 친척과 친지들에게 거센 비난을 받았 고, 이들을 죽여야 한다는 목소리가 온 나라에 가득했다. 두 사람은 자 신들 정당성을 주장했지만 결국 형장에서 참수당함으로써 조선 최초 의 순교자가 됐다. 이 사건을 '신해박해' 또는 '진산사건'이라 한다.

최근 교황 프란치스코 1세가 공석인 한국 추기경으로 염수정 대주 교를 지명하고, 시복식을 위해 오는 8~10월 한국을 방문한다고 발표 했다. 시복諡福은 가톨릭에서 목숨을 바쳐 신앙을 지켰거나 생전에 뛰어 난 덕행을 쌓은 사람을 복자福者로 선포하는 것인데, 시복 대상 124명 가운데 윤지충과 권상연도 포함됐다. 교황 방문을 계기로 두 사 람뿐 아니라 당시 순교자들의 명예 회복이 제대로 이뤄 졌으면 한다.

-2014.01.15

# 단재 신채호

1936년 2월 21일, 북풍이 몰아치는 차가운 뤼순 감옥에서 조선인 한 명이 숨을 거둔다. 당시 그의 나이 57세. 독립운동으로 10년형을 선고 받고 8년째 복역하다 숨진 그는 바로 단재丹齋 신채호申采浩 선생이었다.

투옥 직전까지 늘 독립투쟁의 현장에 있던 그는 "내가 죽으면 시체가 왜놈들의 발끝에 채이지 않도록 화장하여 바다에 뿌려 달라"고 했을 정도로 잃어버린 우리 역사의 흔적을 더듬고 민족혼을 깨우치던 사학자요, 언론인이며 혁명가였다.

어린 시절부터 신동이라는 소리를 들을 정도로 천재성을 보였던 그는 1905년 26세 되던 해에 오늘날 서울대 교수에 해당하는 성균관 박사에 임명됐으나 일제의 조선 침략이 노골화되자 성균관 박사를 그만두고 당시 반일 언론의 중심에 있던 황성신문과 대한매일신보에 논설을 쓰면서 일제의 만행을 알리고자 했다.

이와 더불어 그는 우리나라의 역사 연구를 통해 민족구국운동을 벌이고자 했다. 이순신, 최영, 을지문덕 장군 등의 전기를 발표하며 우리 역사에서 자주성을 찾게 하고, 역사적 인물들의 주체적인 활약을 부각시키면서 사대주의와 양반의식을 철저하게 배격했다. 단재는 또 백두산 등정, 광개토대왕비 답사, 고구려와 발해 유적지를 돌아보며 우리의 역사가 결코 퇴영적인 것이 아니요, 고조선과 고구려 등은 오히려 강대한 중국에 맞서 영토를 확장하거나 지키며 살아 온 것임을 분명하게 밝혀냈다. 그는 늘 입버릇처럼 "역사를 기억하지 못하면 민족의 미래는 없다"고 강조했다. 그만큼 역사는 국가와 민족에 중요한 것이다.

최근 교학사의 한국사 교과서가 친일, 독재 등을 미화했다고 해 논란을 일으켰다. 급기야 일선 교사들은 물론 학생들까지 나서서 대자보를 붙이며 교학사 교과서 채택을 반대했고, 전국적으로 교과서 채택이 취소되는 해프닝이 벌어졌다. 이는 우리 국민이 아직까지 역사에 대해 엄청난 관심을 갖고 있으며, 민족주의 정신을 잘 간직하고 있다는 것을 증명한 사례다. 교육관계자들은 이를 깊이 생각하기 바란다.

-2014.01.08

# 나선정벌 羅禪征伐

1658년(효종 9년) 6월 10일 새벽, 중국 동북부 헤이룽강黑龍江 주변은 안개가 자욱했다. 갑자기 '탕' 하는 소리와 함께 총탄 수백 발이 '나선' 羅禪(러시아) 함대 10여 척을 향해 날아간다.

청나라의 요청으로 조선에서 파견된 조총수 200여 명이 러시아 지휘관 스테파노프 선대와 격전을 벌여 러시아군 270여 명 대부분을 섬멸했다. 이 첫 충돌은 사격 솜씨가 뛰어난 조선군의 완승으로 끝났다.

17세기 중반부터 러시아는 자원이 풍부한 헤이룽강 일대에 진출하면서 청나라와 충돌했다. 당시 청나라 군대는 신무기인 수석식(부싯돌을 이용한 격발식 직전 단계) 총을 소유하고 있는 러시아군대를 당해낼 수 없었다. 그래서 조선에 조총부대 파병을 요청한다. 당시 조선에 조총부대가 있었던 이유는 병자호란 때 청나라에 볼모로 끌려갔던 효종이 국왕 등극 이후 북벌을 꿈꾸면서 비밀리에 부대를 양성했기 때문이다. 하지만 청을 치기 위해 만든 부대가 공교롭게도 청을 돕게 됐다.

청나라가 물자도 지원하지 않는 상황에서 전투를 승리로 이끈 파병대장 신유 장군은 러시아 군사들이 소유한 수석식 총을 모두 수거했다. 조선 군대의 화승총과는 다른 신무기였기에 국력 강화를 위해 이를 가지고 귀국하려 했다. 하지만 청나라는 이 총을 모조리 압수하고, 안에 있는 부속을 모두 뺀 소총 한 자루를 전리품의 전부라며 조선군에 건넸다. 목숨 걸고 싸운 대가치고는 참으로 억울하기 짝이 없는 서러운 파병이었다.

최근 남수단에서 유엔 평화유지군으로 활동 중인 우리 한빛부대가 소총 실탄이 부족해 일본 자위대에서 1만발을 지원받은 사실이 알려졌다. 참으로 어처구니없는 일이 아닐 수 없다. 일본은 실탄 제공 경위까지 홍보하면서 정치적으로 이용하고 있다. 우리 정부는 350년 전 서러웠던 파병을 가슴에 새기고, 국제 평화를 위한 파병이 될 수 있도록 철저히 준비했으면 한다.

-2014.01.01.

# 경부선의
# 역사

1894년(고종 31년) 7월 20일 조선 외부대신 김윤식은 일본 특명전권 공사 오토리 게이스케大鳥圭介와 마주 앉아 일본의 내정간섭을 공식 선 언한 '조일잠정합동조관'朝日暫定合同條款에 굴욕적인 서명을 하고 만다.

이 조관을 근거로 일본은 내정을 바로잡기 위해 경성과 부산, 경성 과 인천 사이에 철도를 건설하라고 조선을 압박한다. 만약 조선 정부 재정이 넉넉하지 못하다면 일본 정부 또는 일본 공사와 공동으로 철도 를 건설하라고 지시한 것이다. 당시 힘이 없던 조선은 결국 1898년 일 본인이 설립한 '경부철도회사'에 경부선 부설권을 허락한다. 이에 앞서 조선은 1896년 3월에 미국인 모스Morse에게 경인선 부설권을 허락했다. 그러나 자금 부족을 겪던 모스는 일본인 시부자와 에이이치涉澤榮一에게 경인철도인수조합을 넘겨주었고, 1899년 9월 18일에 경인선은 완공된 다. 이로써 조선 철도사업은 완전히 일본인 손에 넘어간 것이다.

일본은 이미 경부선 사업을 준비하면서 민간인을 활용했다. 마쓰다 고조松田行藏는 1885년(고종 22년)에 4년 동안 조선 전 국토를 돌아다니며 지세·교통·민정과 경제 상황을 은밀히 조사했다. 철도기사 고노 덴바河野天端는 사냥꾼으로 가장해 서울~부산 간 철도 부설 예상 지역을 면밀히 답사한 뒤 측량 도면과 함께 보고서를 작성해 1892년 일본 정부에 제출하기도 했다. 그리고 이 보고서대로 노선이 확정돼 1905년 5월 25일 경부선이 개통된 것이다. 우리나라 침략 정책의 구체적 발판이 된 철도는 일본에 의해 이렇게 만들어졌다.

최근 철도 민영화 문제로 정부·코레일과 철도노조 간에 극한 대립이 이어지고 있다. 정부와 코레일 측은 수서발 KTX 노선에 대한 민영화를 절대로 안 한다고 주장하지만 철도노조뿐 아니라 많은 국민은 그 저의를 의심하며 온·오프라인에서 격렬하게 찬반 논쟁을 이어가고 있다. 지금 우리에게 필요한 것은 대화와 소통이다. 이런 대립이 이어지는 것은 결국 정부에 대한 '신뢰' 부족에 기인한 것이기 때문이다.

–2013.12.25

# '수칙 이씨守則李氏'의 사랑

1791년(정조 15년) 7월 중순. 도성에는 괴이한 여자에 관한 소문이 돌았다. 흐트러진 머리에 더러운 얼굴로 문밖으로는 나가지 않고 한 노파에게 의지해 사는 여인 이야기였다.

그 노파는 과거 궁궐에서 일하던 궁인宮人이었고, 함께 사는 여인은 사도세자를 모셨다는 소문까지 있었다. 소문은 국왕 정조 귀에까지 들어갔다. 정조는 이야기가 사실인지 궁금했다. 그래서 신하를 보내 이 여인들의 삶을 알아보게 했다.

노파는 실제로 영조 재위 시에 궁중에서 일했던 궁녀였다. 함께 사는 괴이한 여인은 노파의 조카인 이씨李氏로, 역시 궁인이었다. 노파를 따라 10세에 궁중으로 들어간 이씨는 1760년(영조 36년) 15세 나이에 사도세자의 승은을 입게 된다. 하지만 사도세자와 얽힌 여러 루머 때문에 노파와 궁 밖으로 나와 소천어동(현 서울 종로구 경운동)에 살게 됐다.

그런데 1762년(영조 38년)에 사도세자가 뒤주에 갇혀 죽자 이씨는 자신도 죽기로 작정하고 폐인의 삶을 살기 시작한다. 세수도 하지 않고, 빗질도 하지 않았으며, 대소변도 방안에서 해결하면서 문밖으로 나오지 않은 것이다. 그녀는 이런 삶을 무려 30년 가까이 지속한다. 사도세자와의 짧은 인연을 지키기 위해 평생 수절하고 세상과 담을 쌓은 것이다.

정조는 이 이야기에 감동받고 신하들과 협의해 궁녀였던 이씨에게 '수칙'守則이란 작위와 '정렬'貞烈이란 칭호를 내리고, 경제적 지원과 함께 그녀 집에 '수칙이씨지가'守則李氏之家라는 편액을 달게 했다.

얼마 전 결혼 생활을 20년 이상 지속한 중년 부부 이혼이 신혼 이혼을 앞질렀다는 뉴스가 나와 사회적 파장이 일고 있다. 이는 기대수명 증가와 생활 수준 향상, 이혼에 대한 사회적 인식 변화가 두루 영향을 미친 것으로 보인다. 우리가 짧은 만남을 추억하며 평생 정절을 지킨 이씨처럼 살 필요는 없겠지만, 20여 년을 같이 산 부부라면 서로에 대해 더 배려하고 이해해 줄 수 있지 않을까 하는 아쉬움이 앞선다.

-2013.12.18

# 숙종의 처단

숙종(조선 제19대 왕) 치세 기간은 조선 중기 이래 계속돼 온 붕당정치가 절정에 이르면서 그 폐해가 심해지던 시기였다.

숙종대를 요약하는 단어는 바로 '환국'換局이다. '정치적 국면 전환'이라는 의미인 환국은 당파 교체와 정책 변화, 주요 인사 처분 등을 수반했다.

예를 들어 1680년(숙종 6년)에 일어난 경신환국은 남인 일파가 정치적으로 대거 실각한 사건인데, 이는 사소한 일에서부터 비롯됐다.

그해 3월에 남인 영수였던 영의정 허적許積은 조부 허잠許潛이 시호를 받은 것을 기념해 잔치를 열었는데, 하필 비가 내렸다. 그러자 허적은 군사용품의 일종인 유악油幄(비가 새지 않도록 기름을 칠한 천막)을 무단으로 가져다 사용했다. 원래 숙종도 비가 오자 영의정에게 유악을 갖다주라고 지시했다. 하지만 이미 그가 가져갔다는 사실을 알고는 크게 분노하였다. 임금의 권위를 능멸했다고 여긴 것이다.

더구나 같은 해 4월 5일에는 허적의 서자 허견許堅이 숙종의 당숙인 복창군 복선군 복평군 삼형제와 역모를 꾸민다는 투서까지 접수돼 숙종의 분노는 극에 달하게 된다.

이에 숙종은 4월 12일 허견을 사형에 처하고, 5월 5일 허적도 사사하고 만다. 이후 주요 관직은 서인으로 대거 교체된다.

최근 북한 김정은 국방위원회 제1위원장이 북한 권력 2인자 장성택 국방위원회 부위원장을 실각시켰다는 소식에 우리나라는 물론 외국에서까지 떠들썩하다. 그리고 포스트 장성택이 누가 될 것인지도 초미의 관심사로 떠오르고 있다. 통치자가 자기 권력을 공고히 하기 위해 정적은 물론 2인자까지도 서슴지 않고 숙청하는 것은 어제오늘 일이 아니다.

하지만 누구를 제거했느냐보다는 그 뒤에 오는 사람이 과연 나라를 위한 '인재'이냐가 더욱 중요할 것이다. 이는 비단 북한에만 해당하는 것이 아니라 우리나라 국정 운영에도 해당되는 것이다.

-2013.12.11.

# 쇠뇌 명장 구진천

신라 문무왕 9년(669). 당나라 사신이 신라를 방문해 쇠뇌(連弩)(화살을 발사하는 고대 무기) 명장인 구진천(仇珍川)을 당으로 데리고 갔다. 신라 쇠뇌를 이용해 화살을 쏘면 1000보(步)(약 1.2km)나 나간다는 소문을 들은 당나라 황제가 구진천에게 쇠뇌를 만들게 했던 것이다.

하지만 구진천이 당나라로 들어가 쇠뇌를 만들어 시험해 보니 화살이 1000보는커녕 30보밖에 나가지 않았다. 이상하게 생각한 황제는 그 이유를 물었다. 그러자 구진천은 "자재가 좋지 못해 그렇다"며 "만약 신라 자재를 이용한다면 능히 1000보 정도 나갈 수 있는 쇠뇌를 만들 수가 있다"고 대답했다.

이에 당나라 황제는 사신을 보내 즉각 신라 자재를 가져오게 했다. 신라에서 보낸 자재가 도착하자 황제는 구진천에게 다시 쇠뇌를 만들게 했다.

그런데 이번에는 화살이 60보 정도밖에 나가지 않았다. 당나라 황제가 다시 이유를 묻자 구진천은 "저도 그 까닭을 알지 못하겠습니다. 아무래도 재목이 바다를 건너오는 동안 습기를 먹어 그런 것 같습니다"라고 변명을 했다.

그제야 당나라 황제는 구진천이 고의로 쇠뇌를 만들지 않는다는 것을 알게 됐다. 그래서 중죄로 다스리겠다고 협박까지 했으나 구진천은 끝내 쇠뇌를 만들지 않았다. 신라 무기 제작 비밀이 당나라로 넘어가 신라를 위협에 빠뜨리지 않기 위해서였다. 구진천과 같은 의인들이 있었기 때문에 신라는 당나라와 벌인 전쟁에서 끝내 승리했고 영토를 지킬 수 있었다.

최근 중국이 동중국해 '방공식별구역'을 우리나라 영해인 이어도까지 선포해 외교적 마찰을 빚고 있다. 이를 보면 중국이 아직까지 우리나라에 종주국 행세를 하려는 것이 아닌가 하는 착각이 들 정도다.

이제라도 중국은 전근대 시대에 지녔던 오만함을 버리고, 우리나라뿐 아니라 미국·일본과도 마찰 가능성이 있는 방공식별구역 설정을 재수정하길 바란다. 우리 정부 역시 차분한 논리적 대응으로 이를 철회시킬 수 있도록 외교적 역량을 다해주길 당부한다.

-2013.12.04

# 관동대학살

　1923년 9월 1일 오전 11시 58분. 일본 도쿄와 요코하마, 가나가와를 중심으로 한 관동關東지방에 규모 7.9의 지진이 발생했다. 이로 인해 철도·도로·전기·수도 등 기관시설은 물론이고, 학교·관청·병원·주택 등 대부분이 무너지고 파괴됐다.

　혼란에 빠진 일본인들은 서로를 믿지 못하는 상황이 벌어졌고, 급기야 약탈까지 시작됐다. 그러자 일본 정부는 민심을 수습하기 위해 "조선인이 일본인을 죽이기 위해 폭동을 일으키고, 우물에 독을 탔다"고 거짓 선전을 한다. 분노와 광기에 가득 찬 일본인들은 자경단自警團을 조직, 조선인들을 학살하기 시작한다. 당시 관동지방에 살던 조선 어린이들은 부모들이 보는 앞에서 목이 잘렸고, 부모들 역시 아이들 앞에서 목이 잘렸다. 일본인들은 또 살아 있는 사람의 팔을 자르고 죽은 시신의 눈을 칼로 도려내기도 했다. 심지어 임신한 여성의 배를 갈라 죽이기까지 했다. 쇠갈고리에 살이 찢긴 채 끌려다니다 죽거나 곡괭이로 맞아 죽는 것은 오히려 양호한 편에 속했다. 조선인 시신이 산처럼 쌓이고, 핏물이 강물에 가득했다.

일주일 동안의 살육 행위가 끝난 후 관동에 있던 3만여 명의 조선인 중 2만 2000여 명이 행방불명이 됐다고 한다. 6600여 명이 살해됐다는 통계는 모든 증거가 사라진 이후의 조사일 따름이다. 실제로는 얼마나 많은 조선인이 죽어갔는지 알 수 없다. 관동대학살은 일본 정부의 치밀한 계획하에 실시된 명백한 국가 범죄이다.

며칠 전 주일 한국대사관을 이전하면서 비품 정리를 하다가 일제강점기 강제징용 및 관동대지진 당시 학살된 우리 동포들의 명단을 찾았다. 이 문서에서 관동대지진 당시 조선인들의 참상이 그대로 드러났다. 일본 정부는 지난 90년 동안 관동대학살로 죽은 조선인에 대한 사죄를 올바르게 한 적도 없다. 오히려 안중근 의사가 '범죄자'라고 기만하고 있을 따름이다.

일본은 이제라도 억울하게 희생된 영혼들에게 진심으로 사죄하고, 당시의 참혹한 상황에 대한 진실 규명에 적극 협조해야 할 것이다.

-2013.11.27

# 아베 총독,
# 아베 총리

"우리는 비록 전쟁에 패했지만, 조선이 승리한 것은 아니다. 내가 장담하건대 조선인이 제정신을 차리고, 위대했던 옛 조선의 영광을 되찾으려면 100년이 훨씬 더 걸릴 것이다. 우리 일본은 조선인에게 총과 대포보다 더 무서운 식민교육을 심어 놨다. 그래서 조선인들은 결국 서로 이간질하며 노예적 삶을 살 것이다. 그리고 나 '아베 노부유키'는 다시 돌아온다."

일제강점기의 마지막 조선총독인 아베 노부유키阿部信行(1875~1953)가 한반도를 떠나며 한 최후의 말이라고 전해진다. 한편으론 어이가 없기도 하고, 다른 한편으론 무섭기까지 하다. 아베 총독은 일본육군사관학교를 졸업하고 독일 유학을 다녀와 군중앙부의 주요 보직을 거쳐 1933년에 육군대장, 1939년엔 일본 내각의 수상이 됐다. 비록 5개월이었지만 일본 수상을 지낸 그는 1944년 마지막 조선총독에 임명돼 조선인에 대한 식민지 교육을 더 철저히 자행했다.

그리고 일본주둔 미군 맥아더사령부가 해방 직후인 1945년 12월 11일 아베 총독을 심문할 때 그는 "일본의 식민정책은 한국인에게 이

득이 되는 정책이었다. 한국인은 아직도 자신을 다스릴 능력이 없기 때문에 독립된 정부형태가 되면 당파싸움으로 다시 붕괴될 것"이라며 남북공동정부 수립을 적극 반대한 것으로 드러났다.

더구나 아베의 사돈은 기시 노부스케岸信介(1896~1987)였는데, 그는 만주국을 건설하며 일본의 아시아 지배 전략을 세운 인물이다. 그리고 이 과정에서 철저하게 중국인과 조선인의 항일투쟁을 무력화시켰다. 현재 일본의 총리인 아베 신조安倍晋三는 기시 노부스케의 외손자이다. 우리 민족에게 씻을 수 없는 상처를 준 기시 노부스케의 피를 고스란히 이어 받은 이가 바로 아베 총리인 것이다.

일본의 유명 주간지 '주간문춘'에 따르면 아베 총리가 최근 "중국은 어처구니없는 나라지만, 그나마 외교게임이 가능하다. 하지만 한국은 그저 어리석은 국가일 뿐" 이라고 말했다고 보도했다. 이에 대해 일본 당국자들은 즉각 해당 기사가 사실이 아니라며 전면 부인했지만, 이를 접한 우리 국민들에 대한 분노는 이루 말할 수가 없다. 설사 이 말이 100% 사실이 아니더라도 그간 아베 총리의 행보를 보면 외할아버지의 잘못된 역사 인식을 간직하고 있는 것을 잘 알 수 있다. 그가 계속 이렇게 어리석은 생각을 한다면 한·일 양국의 공생은 절대로 불가능하며 동아시아, 나아가 전 세계에서 고립될 수 있다는 것을 반드시 깨달아야 할 것이다.

-2013.11.20

# 정조 正祖의 재판

　조선 22대 국왕 정조는 중요한 사건에 대해 판결을 내리기 전에 전국 8도 관찰사가 보내온 심리審理 문서를 경전 대하듯 읽곤 했다. 판결에 공정성을 확보하기 위해 밑에서부터 올라오는 재판 관련 서류를 꼼꼼히 검토했으며, 특히 살인 사건에 있어서는 백성들의 입장을 신중히 고려했다.

　1791년(정조 15년) 전주에 살고 있던 김계손과 아우 김성손이 부친 원수를 갚으려고 김수리봉이라는 사람을 칼로 찔러 살해한 일이 발생했다. 1년 전 김수리봉은 김계손의 아버지와 말다툼을 하다가 그를 발로 걷어차 죽이고 감옥에 갇혔다. 그러나 김수리봉은 과실치사로 방면돼 다른 지역으로 이사를 갔다. 그 후 김계손과 김성손은 아버지 원수를 갚기 위해 그를 찾아내 칼을 휘둘러 살해했다.

　이후 김씨 형제는 관아에 찾아가 자수하면서 자신들을 죽여 달라고 했다. 당시 충청감사였던 박종악은 이 사건을 지역 아전들과 백성들 의견을 수렴해 정조에게 의견을 올렸다. "아비 원수를 갚고 난 뒤에 살인을 자백했으니 정상을 참작해 용서할 만한 점이 있습니다."

정조는 이런 의견을 취합해 "비록 (김씨 형제가) 살인을 했지만 이륜행실도二倫行實圖에 올릴 만한 효성이기에 특별히 용서한다. 그리고 그들이 인재일 수 있으니 조정에 추천하라"고 최종 판결을 내렸다. 효孝와 의義를 실천했기에 오히려 본을 받아야 한다는 것이다. 유교 중시 체제에서 나올 수 있는 판결이었다.

얼마 전 지난 대통령선거에 참여했던 한 인사가 공직선거법 위반으로 기소돼 국민참여재판에서 배심원 만장일치로 무죄 평결을 받았다. 하지만 재판부가 일부 혐의에 대해 유죄로 인정하면서 뜨거운 논란이 되고 있다. 도입 6년째를 맞은 국민참여재판이 사법의 민주적 정당성과 신뢰성을 높인다는 취지에도 불구하고 찬반 양론으로 갈리는 것은 개선해야 할 점들이 많다는 것을 시사한다. 재판부가 본래 취지를 살리면서도 대다수가 인정할 수 있는 국민참여재판의 장을 열어주길 기대한다.

-2013.11.13

# 명성왕후의
# 아들사랑

조선 18대 임금 현종의 왕비인 명성왕후<sup>明聖王后</sup>(1642~1683) 김씨는 영특했지만 독선적이고 안하무인이었던 인물이다. 남편에 대한 존경심이 별로 없었던 명성왕후는 자식인 숙종에게 관심과 사랑을 쏟아부었다. 사랑과 관심이라는 명분으로 그녀는 숙종에게 지나친 간섭을 했고, 숙종은 그런 어머니를 부담스러워했다.

숙종은 열여덟 살이던 1678년(숙종 4년) 심한 위장병을 앓았다. 당시 명성왕후는 어의보다 무당에게 많은 의지를 했다. 무당은 명성왕후에게 "숙종의 위장병이 나으려면 홑치마를 입고 삿갓을 쓴 채 물벌을 서야 한다"고 말했다. 명성왕후는 무당이 시키는 대로 했고 간절한 정성 때문인지 숙종은 다시 원기를 회복했다.

5년 뒤인 1683년 음력10월 숙종에게 갑자기 마마(천연두)가 찾아와 생명이 위독한 지경에 이르렀다. 절망감에 휩싸인 채 명성왕후는 또다시 무당을 찾았다. 무당은 이번에도 5년 전과 똑같은 방법으로 하면 나을 수 있다고 했다. 결국 그녀는 한겨울인 음력 11월 초에 자신의 전각 앞마당에서 다시 홑치마를 입고 몇 시간 동안 찬물을 뒤집어썼다. 그러자 신기하게도 숙종의 마마가 사라지고 몸이 회복됐다. 하지만 한겨울에 찬물을 맞은 탓인지 명성왕후는 지독한 감기와 급성폐렴으로 한 달 뒤에 숨을 거두고 만다. 아들에 대한 지나친 사랑이 그녀를 죽음으로 몰고 간 것이다.

내일(7일)은 대학수학능력평가시험이 실시되는 날이다. 수능시험을 앞두고 많은 부모님들은 자녀가 시험을 잘 보게 해 달라고 교회나 사찰 등을 찾아다니며 정성과 눈물로 기도했을 것이다.

시험을 잘 보는 것도 중요하지만 부모가 원하는 대학이나 전공이 아닌, 자녀들이 원하는 진로가 무엇인지, 그 길을 가기 위해서는 어떤 공부가 필요한지 함께 고민하는 게 훨씬 중요하다고 본다. 부모들이 입시에 대한 욕심을 자제하고, 자녀에게 모든 결정권을 맡겨야 할 것이다. 부모가 진정으로 행복한 때는 자녀가 행복해 하는 모습을 바라보는 때가 아닐까.

-2013.11.06

# 전제군주
# 의자왕의 패망

낙화암과 삼천 궁녀 일화로 유명한 백제 마지막 임금인 의자왕은 원래 훌륭한 국왕이었다. 무왕武王의 큰아들로 용맹스럽고 결단성까지 갖춘 그는 효심이 깊었다. 공자 제자인 증자처럼 학문과 도덕이 뛰어나다고 '해동증자'海東曾子로 추앙받기도 했다.

의자왕은 641년 즉위한 뒤 2년 만에 사형수를 제외한 나머지 죄수들을 석방해 사회를 통합하고, 직접 신라 미후성 등 40여 개 성을 함락시켰다. 신라와 백제 영토 경계인 대야성을 함락시키며 김춘추 사위인 김품석을 죽이기까지 했다.

백성들의 존경과 스스로에 대한 자신감에 넘친 의자왕은 급격히 변하기 시작한다. 사치가 심해지고 궁녀들과 향락을 즐기기 시작한 것이다. 그러나 이것이 나라를 망친 근원은 아니었다. 귀족들과 협력하던 정치 운영 체제 붕괴야말로 백제를 멸망시킨 직접적인 원인이다. 의자왕은 모든 권한을 국왕 중심으로 집중했다. 즉위한 지 17년째인 657년, 의자왕은 좌평佐平 41석 전체를 왕자들로 임명한다. 좌평은 현재로선 정확히는 알 수 없지만, 국왕을 도와 정치·경제·군사·행정·문화·교육 등 모든 분야에서 막강한 영향력을 행사하는 가장 높은 관직이었다. 그동안 백제 왕실은 좌평 자리를 귀족과 반씩 나누어 공동으로 운영했다. 그런데 의자왕은 이런 원칙을 깨고 전제군주가 됐다.

좌평이 된 왕자들은 그저 국왕의 허수아비일 따름이었다. 게다가 의자왕은 자신에게 충언을 하는 관리들을 오히려 유배시켰다. 나당 연합군이 쳐들어오자 의자왕은 귀족들에게 군대 동원을 요구했지만 귀족들은 들은 척도 하지 않았다. 결국 의자왕 직계였던 계백의 오천 결사대만 최후의 전투에 참전했고, 이들은 황산벌에서 모두 전사했다.

역사를 되돌아보면 국가 지도자들이 정·관계에 친인척을 등용해 나라를 망쳤던 일을 쉽게 찾을 수 있다. 권력의 시한은 정해져 있고, 임기가 끝나면 누구나 평범한 백성으로 돌아가게 된다. 영원한 권력은 없다.

-2013.10.30

# 효종孝宗의 인재등용

병자호란으로 인해 청나라 수도인 선양에 볼모로 끌려가 8년간이나 고생했던 효종孝宗(1619~1659)은 국왕으로 즉위한 뒤 청에 대한 복수심으로 '북벌'北伐을 준비했다. 하지만 효종 때에는 뛰어난 장수들이 많지 않았다. 효종은 선왕 인조 임금 때 역모사건에 휘말려 억울하게 죽은 임경업林慶業(1596~1646) 장군을 그리워할 수밖에 없었다. 효종은 어느 날 임경업이 평소 아끼고 사랑했던 여인 '매환'에 대한 소식을 듣게 되고, 그녀를 궁으로 불러 임경업과 관련된 일을 상세히 묻는다.

"앞으로 내가 어떻게 하면 임경업 같은 사람을 장수로 삼을 수 있겠느냐?" 이에 매환은 "전하께서 임경업 같은 장수를 얻어 북벌을 할 생각이십니까? 저는 전하께서 실행하지 못하실 줄로 압니다"라고 답했다. 효종은 "네가 어떻게 아느냐?"고 반문했다. 그러자 매환은 "병자호란 때 전하께서 강도江都(현 강화도)로 피란을 가셨습니다. 이때 김경징金慶徵이 반드시 일을 그르칠 것을 알면서도 어찌하여 그를 참수하지 않으시고, 병사를 거느려 오랑캐를 막게 하셨습니까? 김경징을 참수하는 것은 손바닥을 뒤집듯이 쉬운 일이었는데도 안 하셨는데, 하물며 큰 대사인 북벌을 하실 수 있겠습니까?"

효종은 이 말을 듣고 한참 동안 아무 말도 하지 못했다. 병자호란 당시 강도검찰사 신분으로 강화도 방어를 책임졌던 김경징은 매일 술만 마셨다. 결국 그는 청나라 군사들이 강화성에 침입하자 나룻배를 타고 도망쳤다. 당시 봉림대군 시절이었던 효종은 전·현직 고관들의 의견을 무시하며 독불장군 식으로 모든 일을 지휘했던 김경징에 대한 평판에 귀 기울이지 않다가 끝내 나라를 망친 것이다.

오늘날 다양한 국가 지도자들도 이러한 문제를 직면하고 있을 것이다. 아무리 자기가 믿는 사람이더라도 주변의 평판에 한 번쯤 관심을 갖고 올바른 평가를 해야 한다. 지위와 권력이 그 사람을 변화시킬 수도 있기 때문이다. 올바른 인재 등용은 나라를 올바르게 유지하는 기본이다.

-2013.10.23

# 김유신과
# 김원술

서기 675년 9월 26일. 신라와 당나라 운명을 결정할 전투가 한반도 중심부 한탄강가 매초성(오늘날 경기도 연천)에서 시작됐다.

당나라 군대 20만명과 신라 군대 3만명. 너무도 수적으로 불리한 상황을 극복하고 신라군은 마침내 당나라 군대를 격파했다. 전마戰馬 3만 필과 엄청난 무기도 노획했다. 이 전투를 승리로 이끈 이는 신라군 장군이 아니라 백의종군했던 김원술金元述이었다.

김유신 아들이었던 김원술은 당시 아버지에게 파문당한 상태였다. 김유신이 앞서 당나라와 맞선 전투에서 패배한 김원술을 아들로 인정하지 않았기 때문이다.

나당전쟁 중 석문 들판 전투에서 당나라와 말갈족 연합군에 신라군이 대패했다. 이때 김유신 아들 원술은 비장으로 전투에 참여했다. 김유신은 당나라 군대 전술이 탁월해서 어쩔 수 없는 패배였다고 인정하고 장수들을 용서해 달라고 문무왕에게 청원했다. 하지만 자기 아들 김원술만은 목을 베야 한다고 요청했다. 왕명을 수행하지 않았을 뿐만 아니라 집안 교훈까지 위반했다는 이유로.

문무왕이 원술에게만 중형을 줄 수 없다며 용서를 했지만 김유신은 끝내 아들을 용서하지 않았다. 김유신 아내인 지소 부인도 아들을 집으로 들이지 않았다. 김원술은 아버지와 어머니 모습을 보고 자신이 해야 할 일이 무엇인지 깨달았다. 그리고 태백산으로 들어가 무예수련에 온 힘을 쏟았다. 그리고 마침내 매초성 전투에서 탁월한 무술과 지도력으로 당나라 군대를 대파하고 승리를 이끈다. 김유신은 자기 지위를 자랑하거나 자기 가족들을 위해 지위를 이용하지도 않았다. 오히려 다른 사람들에게 관대하고 가족들에게 엄정했다. 그래서 많은 존경을 받았다.

최근 우리 정부 고위공직자 일부 자녀들이 병역을 면제받기 위해 대한민국 국적을 포기했다고 한다. 누구보다 엄정하고 자신을 희생해야 할 고위공직자들 처신에 많은 국민은 큰 실망을 느낀다. 국가의 녹을 먹는 고위공직자들은 자신에게 더욱 엄격해야 한다. 그래야 김유신처럼 국민들에게 진정한 존경을 받을 수 있다.

-2013.10.16

# 정의공주와
# 훈민정음

　　1443년(세종 25년) 9월 23일 세종 왕녀 정의공주貞懿公主 양모인 전 경
창부윤 유한의 처 박씨가 죽었다. 양모의 죽음에 정의공주가 크게 슬퍼
했지만 세종은 심상心喪만 하게 하고 상복을 입지 못하게 했다. 훈민정
음 창제에 참여하고 있는 정의공주의 정신을 흐트러뜨리지 않기 위해
서였다. 3개월 뒤인 12월에 훈민정음이 완성됐고 3년 뒤인 1446년(세종
28년) 반포했다.

　　정의공주는 어려서부터 영특했다. 그녀는 세종과 소헌왕후 심씨 슬
하 둘째 딸로, 문종의 여동생이자 세조의 누이였다. 열세 살 나이에 시
집을 가서 궁중을 떠났지만 세종은 그녀의 재능을 인정하고 훈민정음
만드는 데 참여시켰다.

　　세종의 훈민정음 창제는 철저하게 백성들을 위한 것이었다. 대다수
백성들은 어려운 한문 때문에 글을 읽을 수도 쓸 수도 없었다. 세종실
록을 깊이 들여다보면 세종의 의도는 익히기 쉬운 훈민정음을 통해 백
성들이 쉽게 글을 배워 억울한 송사訟事에 적극적으로 대응하게 하기

위함이었다. 그런데 창제 막바지에 변화하는 소리인 변음變音과 입안에서 나왔다 들어가는 소리인 토착吐着을 글자로 만들지 못했다. 그래서 세종은 천하영재로 소문난 자기 왕자들과 성삼문 등 집현전 학사들에게 해결 방안을 찾게 했다. 하지만 이들 모두가 해결하지 못했다. 그래서 세종은 정의공주에게 부탁했고 그녀가 이를 해결해 훈민정음을 완성할 수 있었다.

이 같은 내용은 정의공주 시가媤家 족보인 '죽산안씨대동보'竹山安氏大同譜에 기록돼 있다. 백성들의 억울함을 해결하고 보다 나은 삶과 문화 발전을 위해 만든 훈민정음은 정의공주가 아니었으면 완성될 수 없었던 것이다. 오늘은 23년 만에 법정공휴일로 다시 지정된 한글날이다. 단순히 놀고 쉬는 휴일이 아니라 세종과 정의공주가 왜 훈민정음을 만들었는지 그 의미를 새기며 재충전하는 하루가 됐으면 한다.

-2013.10.09

# 관상 觀相

    고려시대 문신 이규보李奎報(1168~1241)는 백성들의 삶을 이해하고 그들 이야기를 『동국이상국집』에 남겼다. 그는 매우 특별한 관상쟁이를 만났다.

    그 관상쟁이는 부귀하여 몸이 비대하고 윤택한 사람을 보면 "당신 용모가 매우 수척하니 당신처럼 천한 족속이 없겠습니다" 하고, 가난하여 몸이 파리한 사람에게는 "당신 용모가 비대하니 당신처럼 귀한 족속은 드물겠소"라고 했다. 얼굴이 잘생긴 부인에게는 "아름답기도 하고 추하기도 한 상이오" 하고, 관대하고 인자하다는 말을 듣는 사람에게는 "만민을 상심하게 할 상입니다"라고 했다. 그래서 사람들은 그를 사기꾼이라며 믿지 않았다.

    이규보는 이 관상쟁이가 매우 특별한 사람이라고 판단해 그의 집을 찾아갔다. 그리고는 어떻게 관상을 보는지 물어보았다. 관상쟁이는 이렇게 대답했다.

"부귀하면 교만하고 능멸하는 마음이 자랍니다. 그러면 하늘이 죄를 주어 망하게 하여 천하게 되니 '수척하다'와 '당신 족속이 천할 것이다'라고 한 것입니다. 가난하면 자신을 낮추어 열심히 살아 좋은 운수가 오니 '비대하다'고 한 것이고, 장차 만석의 재물을 누릴 귀貴가 있어 '당신 족속이 귀할 것이다'한 것입니다."

이어 "무릇 색이란 음란한 자가 보면 구슬처럼 아름답고, 정직한 자가 보면 진흙처럼 추하므로 '아름답기도 하고 추하기도 하다'한 것입니다. 인자한 사람이 죽을 때는 사람들이 사모하여 마치 어린애가 부모를 잃은 것처럼 눈물을 흘립니다. 그래서 '만인을 상심하게 할 것이다'라고 한 것입니다." 이규보는 깜짝 놀라며 "이것이 진정한 관상"이라고 했다.

최근 어려운 시절이라 그런지 '관상'이란 영화에 사람들이 몰린다고 한다. 진정한 관상이란 자기 얼굴에서 명예·권력·재물이 있는지를 확인하는 것이 아니라 자신에게 모자란 부분을 밝히고 겸손함을 갖추어 보다 나은 사람으로 성장하게 하는 것이 아닐까.

-2013.10.02

# 종묘육실
# 대왕대비

지난 추석 연휴에 미국 LA 라크마 박물관에 소장되어 있는 문정왕후 어보 반환 결정으로 우리 국민은 큰 선물을 받았다. 이번 칼럼에서는 필자가 참여했던 어보 반환 과정 중 특별한 사연을 소개하고자 한다.

문정왕후 어보가 라크마 박물관에 소장된 것은 2000년이다. 라크마 박물관이 개인에게서 어보를 구입한 것이다. '혼이 담긴 달걀은 바위를 깬다'는 신념을 가진 문화재 환수 전문가 혜문 스님은 2009년에 미국 메릴랜드 국가기록원에서 1950년 한국전쟁 중 미군들에 의해 종묘 어보 47과가 약탈되었다는 국무부 보고서를 찾아냈다. 기록을 확인한 후 박물관 측에 어보 반환을 요청했다. 하지만 라크마 측은 들은 척도 하지 않았다. 안민석 의원과 필자가 환수운동에 참여하기로 했다. 안 의원은 국회에 어보 환수 결의안을 제출하고 기획재정위원회에서 교육문화위원회로 상임위까지 변경했다.

지난 7월 11일 대표단 3명이 LA에서 1차 협상을 할 때 미국 국무부 보고서를 보여주자 라크마 측은 매우 놀랐다. 그러면서 황당하게 "어보가 종묘에 있던 것임을 밝혀라"고 우겼다. 1시간 30분간 논쟁을 벌인 끝에 9월 중순에 2차 협상을 하기로 하고 협상장을 나오다가 문정왕후 어보를 직접 확인할 수 있었다. 이때 어보 옆부분에 한자로 희미하게 육실대왕대비六室大王大妃라고 쓰여 있는 것을 발견했다. 육실은 종묘 정전 6번째 방인 중종中宗 공간이고, 대왕대비는 중종 왕비인 문정왕후를 말하는 것이다. 더 이상 증거는 필요하지 않았다. 10년이 넘도록 어보를 간직하고 있던 그들에게는 전혀 보이지 않았던 글자가 우리 눈에 들어온 것이다. 참으로 신비한 일이었다. 이는 하늘이 문정왕후 어보를 돌려받으라고 우리에게 글씨를 보여준 것이다.

두 번째 협상을 하기 전에 우리 대표단 3명은 문정왕후 태릉을 찾아 참배하고 반드시 좋은 성과가 있기를 기원했다. 그리고 마침내 미국 시간으로 추석 당일인 9월 19일 라크마 측은 협상이 시작되자마자 우리가 제시한 자료와 자체 조사로 어보가 도난품임을 확인했다며 대한민국에 돌려주겠다고 약속했다. 3년여에 걸친 반환운동에 종지부를 찍은 것이다. 민간단체가 미국 정부기관을 상대로 승리한 세계사적 사건이다. 이제 우리가 해야 할 일은 모든 이들의 지혜를 모아 국외로 반출된 수많은 문화유산들을 찾아오는 일에 힘을 합치는 것이다.

-2013.09.25

# 안남 安南
# -베트남

1597년(선조 30년) 겨울. 훗날 『지봉유설』芝峯類說이라는 백과사전을 쓴 30대 초반 젊은 조선 사신 이수광(1563~1628)이 명나라 수도 북경에 도착했다. 이수광은 사신으로 업무를 마치고 난 뒤 의외의 인물을 만난다. 안남安南에서 파견된 사신 풍극관馮克寬이었다. 안남은 오늘날 베트남이다.

나이가 일흔이 넘은 풍극관은 기골이 범상치 않았다. 양쪽이 중국어 통역을 대동하고 만나 대화를 하기 시작했다. 통역이 못마땅해서인지 풍극관은 직접 붓을 들고 글을 쓰기 시작했다. 안남이나 조선이나 한자문화권에 속한 나라였기 때문에 이들 간 대화에는 어려움이 없었다. 이들은 50여 일 동안 매일 만나 글과 시를 쓰고 자기 나라에 대해 이야기했다. 두 사람은 서로에 대한 정이 깊어져 '이 땅덩어리에 내려온 사람들은 모두 형제落地兄弟'라고 할 정도였다. 이 만남으로 인해 이수광의 시가 안남에서 유행했다.

조선은 베트남에 대해 아는 내용이 그리 많지 않았다. 그저 옷을 어떻게 입는지, 음식은 무엇을 먹는지 정도였다. 조선 초기 저작물인 『동문선』東文選에도 안남은 아주 미개한 문화라고 했다. 그래서 조선 선비들은 안남을 아주 우습게 생각하였고 이수광도 그리 생각하였다. 그런데 안남 사신을 만나본 후 그는 조선 선비들이 안남에 대해 잘못된 지식을 가지고 있음을 확인했다.

사실 명나라는 조선 선비들에 대해 중국 유학을 허락하지 않았다. 대신 안남인 베트남 선비들에게는 유학을 허용하였고 이들은 새로운 문물을 받아들여 안남을 발전시켰다. 그런 상황을 조선은 전혀 모르고 있었다. 이수광은 조선으로 돌아와 안남과 적극 교류할 것을 강조하였다. 그러나 그 제언은 받아들여지지 않았다.

이번 G20 정상회의 이후 박근혜 대통령이 베트남을 방문하고 호찌민 전 주석 묘소를 참배했다. '호 할아버지'로 불리는 호찌민은 베트남의 민족 영웅이다. 그가 공산주의자인 것은 너무도 유명하다. 더구나 우린 1970년대 베트남 전쟁에 호찌민에 반대하는 세력을 지원하기 위해 파병·참전까지 했다. 과거 상처가 있지만 지금 베트남과 대한민국은 이념을 떠나 국가의 실질적 이익을 위해 손을 맞잡고 있다. 과거 조선이 잘못된 정보와 편견을 지니고 있었다면 오늘날 우리는 올바른 정보를 가지고 국익을 위해 교류를 넓혀가야 한다. 그래서 박근혜 대통령이 호찌민 묘소에 헌화한 것은 큰 의미가 있다.

-2013.09.11

# 미남계 美男計

숙종의 사랑을 독차지해 왕비 인현왕후를 몰아내고 조선의 국모가
된 장희빈의 몰락은 한글로 된 『사씨남정기』謝氏南征記라는 소설로부터
시작됐다. 백성들 사이에 널리 읽힌 이 책은 아름답고 정숙한 사씨 부
인이 남편의 첩인 교씨에 의해 쫓겨난 내용을 담고 있다. 사씨 부인의
슬픈 이야기를 접한 백성들은 이 책의 등장인물들이 숙종, 인현왕후,
장희빈을 빗댄 것이라고 생각했다. 백성들은 서서히 장희빈에 대해 분
노하기 시작했고, 인현왕후에 대한 동정은 커져만 갔다. 결국 백성들의
분노는 장희빈과 그의 지지 세력인 남인의 몰락을 가져왔다.

사씨남정기를 유포해 정국의 변화를 일으킨 고도의 정치 기획자는
바로 김춘택金春澤(1670~1717)이다. 그는 인경왕후(숙종의 첫 번째 왕비)의
아버지인 김만기의 손자였고, 김만기의 친동생이 바로 『사씨남정기』 저
자인 김만중이다.

노론의 중심인물이었던 김춘택은 자신의 여종을 궁녀로 보내 숙종
의 아이를 임신케 한다. 이 여인이 바로 영조의 생모인 숙빈 최씨다. 이
처럼 간계奸計로 정국 전환을 노리던 그는 마침내 갑술환국(1694년)을

통해 남인의 권력을 무력화시키고, 노론이 권력을 장악하는 데 주도적인 역할을 한다. 그 결정적 정보는 다름 아닌 장희재(장희빈의 오라비)의 아내에게서 얻게 된다.

타고난 신체 조건과 수려한 외모, 뛰어난 글솜씨를 지닌 김춘택은 도성 내 여인들의 흠모의 대상이었다. 그는 자신의 외모와 언변을 이용해 장희재의 아내를 유혹했다. 말하자면 '미남계'美男計를 쓴 것이다. 장희재의 아내는 김춘택의 유혹을 거부하지 못했다. 그녀는 집안에서 보고 듣는 모든 것을 김춘택에게 밀고했다. 장희재의 아내가 김춘택을 진정으로 사랑했는지 모르지만 김춘택은 철저히 자신의 이익을 위해 여인을 이용했다. 장희재의 아내를 통해 남인이 숙빈 최씨를 암살하려 한다는 사실을 알게 되고, 이를 공개해 남인들을 파멸에 이르게 했다.

하지만 갑술환국의 주인공인 김춘택도 예상치 못한 유배를 가게 된다. 정권을 잡은 노론 측이 '미남계'가 유교적 윤리에 어긋난다며 그를 쫓아낸 것이다. 김춘택은 13년간의 유배 생활 후 쓸쓸히 죽었다. 이것이 권력을 획득한 이들의 씁쓸한 논공행상 모습이다.

정치는 백성들의 소리를 듣는 것이고, 그것이 얼마나 무서운 것인지를 아는 것이다. 정국 반전을 일으킨 게 미남계 같지만 실제로는 백성들의 분노 때문이었다. 정치인들이 이 점을 잘 기억해주기 바란다.

－2013.09.04.

# '마루타'
# 송몽규

1945년 3월 7일 일본 규슈 후쿠오카 감옥. 27세의 젊은 조선 청년 한 명이 피골이 상접한 채 죽어 갔다.

며칠 전 2월 16일, 함께 감옥에 온 그의 사촌동생 윤동주가 숨을 거두었다. 신체가 장대하고 활달했던 조선 청년은 감옥에 온 후 일본 간수들이 투여하는 이상한 주사를 맞고 몇 달 만에 죽음에 이르렀다. 일명 마루타 실험이라고 하는 생체실험이 그와 그의 사촌동생에게 자행된 것이다. 이 청년이 바로 송몽규宋夢奎(1917~1945)다.

윤동주는 시인으로 널리 알려졌지만 그의 고종 사촌형인 송몽규를 아는 이는 흔치 않다. 어머니가 꿈에 큰 별을 보았다 하여 이름을 몽규夢奎라 지었다는 그는 어린 시절부터 용정龍井 명동촌의 기둥이었다. 독립운동 지사들이 살던 명동촌은 압록강 남쪽에 있는 조선인들에게는 희망의 땅이었다.

이 마을에 동갑내기로 태어나 한 학교에 다닌 운명의 세 친구가 바로 문익환, 윤동주 그리고 송몽규였다. 어린 시절부터 민족교육을 받은 송몽규는 중3을 마치고 진학을 하지 않은 채 김구와 장제스가 합의하여 만든 낙양군사학교에 입학했고 본격적인 독립운동에 뛰어들었다. 만주 일대에서 독립운동을 하다 체포된 그는 경찰서에서 풀려난 뒤 고향 용정으로 돌아와 연희전문 문과를 마치고 윤동주와 더불어 일본으로 유학을 떠났다. 일본 최고 명문인 교토대학 사학과에 입학한 그는 교토 일대 유학생을 조직해 독립운동을 전개하다 교토 조선인 학생 민족주의 그룹사건으로 체포되어 감옥에 갔다. 일본 정부는 이 젊은 항일 독립 운동가를 생체실험 대상으로 선정하고 끝내 죽음에 이르게 했다. 독립을 몇 달 남기지 않고 미래 조선 지도자가 될 인물이 비참하게 죽은 것이다. 살아 있는 인간을 생체실험하는 일본인의 잔악성은 그저 놀라울 따름이다. 이렇게 마루타로 죽은 이가 어찌 송몽규와 윤동주뿐이겠는가?

얼마 전 독일 메르켈 총리는 옛 나치 수용소를 방문하고 추모관을 찾아 나치에 의해 죽은 이들을 추모하고 선조들의 부끄러운 역사를 반성했다. 그런데 일본은 어떤가. 아베 총리는 한국인들에게 사과의 뜻을 밝히기는커녕 일본 군국주의를 부활시키는 데 앞장서고 있다. 일본 우익 지도자들은 부디 이성을 되찾고 피해를 입힌 아시아 여러 나라들에 반성과 사죄를 해야 한다. 역사를 왜곡해서는 미래도 없다.

-2013.08.28

# 만인의
# 영산靈山

길 위의 군주라고 평가받는 정조正祖가 평생 가보고 싶었던 곳이 금 강산이다. 하지만 금강산은 한양에서 너무도 멀어서 갈 수 없었다. 그 래서 그는 김홍도로 하여금 1년간 금강산을 유람하며 명소를 그려오게 했다. 그리고는 시간이 날 때마다 금강산 그림을 감상했다. 나랏일 때 문에 금강산을 갈 수 없었던 정조의 고육지책이었다.

금강산을 그리워하는 정조에게 1796년(정조 20년) 11월 25일 김만덕 金萬德이라는 여인이 금강산을 보고 싶어 한다는 제주목사의 장계가 올 라왔다. 원래 제주 여인들은 섬을 떠나 육지로 나오는 것이 금지되었다. 조선 건국 이래 여인이 제주를 벗어난 적은 없었다.

김만덕은 1년 전 극심한 흉년이 들었을 때 제주를 구제한 여인이었 다. 그래서 제주목사가 정조에게 김만덕을 격려하기 위한 상을 청원했 다. 정조는 김만덕이 원하는 것이 무엇인지 확인하고 그 소원을 들어주 라 명하였는데 전혀 생각하지 못한 금강산 여행을 하고 싶다는 답변을 들은 것이다.

제주에서 양인의 딸로 태어난 김만덕은 부모님이 갑작스럽게 죽은 뒤 제주목 관기가 되었다. 뜻하지 않게 기생이 된 그녀는 스스로의 신분을 극복하고자 제주목사를 상대로 소송을 걸어 신분을 회복했다. 이는 조선시대에 감히 상상할 수 없는 일이었다. 이후 그녀는 결혼하지 않고 장사를 하여 엄청난 돈을 벌었고 제주에 극심한 기근이 발생하자 자기 돈으로 전라도에서 쌀을 사서 제주 백성을 구제했다. 남자들도 감히 할 수 없는 일이었다.

이처럼 특별한 여인이었던 김만덕은 조선 최고 명산인 금강산을 꼭 가고 싶어 했다. 관직과 재물보다 금강산이 그녀에게는 더 소중했던 것이다. 그래서 정조는 관리들에게 그녀의 여행에 협조하라고 명하였고, 그녀는 금강산 승려들의 도움을 받으며 일만이천봉을 올랐다.

이처럼 금강산은 국왕부터 멀리 제주 여인까지 가보고 싶은 명산이자, 남북이 분단된 지금도 모든 이들이 보고 싶어하는 꿈의 영산靈山이다. 개성공단을 다시 가동하기로 합의한 이때 아름다운 금강산 관광이 재개되면 평화가 다시 찾아올 것이다. 이 평화가 한반도의 안정과 경제 발전의 기반이다. 그날이 오기를 진심으로 기원한다.

-2013.08.21

# 영조의
# 세제개혁

　무명옷을 입은 조선 21대 군주 영조는 백성들이 스스로 책임져야 할 국역國役의 고통에 대해 어떻게 생각하는지 듣고 싶었다. 영조가 파견한 암행어사들은 온 나라를 돌아다니며 백성들의 피폐한 삶을 보고했다. 그중에서도 군대 의무를 대신하기 위한 군포軍布 납부에 대한 폐단이 가장 컸다. 마침내 영조는 1750년(영조 26년) 5월 19일 창경궁 홍화문 앞에서 백성들 이야기를 직접 듣기로 했다.

　그러나 조선 군주를 맞은 백성들은 생각보다 목소리가 높지 않았다. 왜냐하면 관리들이 백성들에게 미리 국왕에게 이야기할 내용의 수준을 정리해 놓았기 때문이다. 결국 영조는 백성의 진실된 소리를 듣지 못하고 완벽한 개혁안을 마련하지 못했다. 당시 영조는 1년에 백성들이 부담하는 군포 2필을 12개월에 1필로 납부하는 새로운 법을 만들었다. 일종의 반값 군포법이었다. 이 반값 군포법을 '균역법'均役法이라 칭했다. 말 그대로 전체가 균등하게 국역을 책임지자는 것이다. 그래서 반만 내는 부족분에 대해 쉽게 이야기하자면 양반들도 같이 내자고 한 것이다.

그러나 영조의 생각과 달리 양반 사대부들은 군포를 제대로 납부하지 않았다. 여러 가지 핑계를 대며 세금을 내지 않은 것이다. 부족한 세금을 채우기 위해 관리들은 다시 백성들에게 추가 세금을 요구했고 백성들의 고통은 가중되었다. 균역법이 무력해지면서 조정 관리들은 균역법 제정 이전에 백성들이 군포 2필을 내는 것으로 돌아가는 것이 가장 좋은 방법이라고 진언했다.

하지만 영조는 균역법 취지를 지키면서 백성을 위한 법을 유지하고 싶었다. 그래서 영조는 "옛날로 돌아가면 나라가 따라서 망할 것이다"라며 개혁 이전으로 돌아가길 원하지 않았다. 결국 균역법은 유지되었지만 양반 사대부들 기득권 유지로 당초 취지를 살리지 못한 채 백성들에게 부담만 주는 법안이 되었다.

최근 정부와 여당이 세제개혁안을 마련했다. 중산층이 세금을 더 내야 하고 그동안 세금을 내지 않던 종교인 등 여러 분야에서 세금을 거두는 내용이다. 그러자 부유층 세금 확대는 거의 없고 애꿎은 직장인들만 더 세금을 낸다는 비판이 제기됐다. 다행히 박근혜 대통령이 이 법안을 없던 것으로 하고 새롭게 준비하라고 지시했다. 세제팀은 국민이 무엇을 바라는지, 국가를 위해 무엇이 바람직한지 더 깊게 고민해서 수정안을 만들었으면 좋겠다.

-2013.08.14

# 정약용의
# 특수훈련

1791년(정조 15년) 9월 창경궁 춘당대에서 국왕 정조와 규장각 신하들이 활쏘기를 했다. 평소 활쏘기를 즐겼던 정조는 규장각 신하들에게 곰 얼굴 문양이 들어간 국왕 전용 사대인 웅후熊帳에 10순巡(1순은 화살 5개)씩 쏘라고 명하였다. 참으로 파격적인 일이었다.

이때 그의 사랑하는 신하 정약용이 참여했다. 정약용은 50발을 쏘아서 4발도 맞히지 못했다. 정약용은 어린 시절부터 글공부만 하였지 활쏘기를 해본 적이 거의 없었기 때문이다. 당시 국왕과 더불어 활을 쏠 때 과녁에 10%도 맞히지 못하면 벌주罰酒 한 잔을 마셔야 했다. 그런데 정조는 벌주를 주지 않고 새로운 임무를 주었다.

"그대들에게 술을 준다면 상賞을 주는 것이다. 문장은 아름답게 꾸밀 줄 알면서 활을 쏠 줄 모르는 것은 문무文武를 갖춘 재목이 아니니, 의당 북영北營에 잡아놓고 하루에 20순(화살 100개)씩 쏘아서 매 순마다 한 발씩은 맞힌 뒤에야 풀어주겠다."

북영이라 하면 훈련도감을 이르는 말이다. 훈련도감은 군기가 엄정하고 훈련 강도가 높아 조선 후기에 수도 한성부를 지키는 최고의 군대로 평가받는 곳이었다. 이곳에 정조는 자신이 가장 총애하는 정약용을 포함한 규장각 문신 4명을 보내어 요즘으로 치면 유격훈련과도 같은 특수훈련을 받게 한 것이다. 물론 활쏘기도 포함해서 말이다.

정조는 이들이 학문만 중요시 여기고 무예를 천시한다면 장차 나라를 이끌어갈 올바른 인재로 성장할 수 없을 것이라 여겼다. 이들이 처음 훈련도감에 가서 활쏘기를 배울 때 손가락이 부르트고 팔뚝이 붓고 말 타는 솜씨도 서툴러서 보는 사람이 크게 웃지 않는 자가 없었다.

정약용은 며칠이 지나자 활시위를 당기는 솜씨가 점점 능란해져서, 1순을 쏘면 세 발을 맞히는 때가 많았다. 정조는 그 내용을 보고 받고 하루에 100발씩만 쏘게 하고 여가에 시경詩經 연구를 시키고 마침내 열흘 만에 훈련도감에서 풀어주었다. 모자라는 것을 채워주어 균형을 갖추게 하는 정조의 인재 사랑법이 성공한 것이다.

얼마 전 사설 해병대 캠프에서 실시한 극기훈련 중 뜻하지 않은 사고로 공주사대부고 학생 5명이 목숨을 잃었다. 참으로 어이없고 안타까운 일이다. 이제 우리 사회도 학생들 교육 효과를 높이기 위한 무조건적인 극기훈련이 아니라 부족한 점을 보완해 인재를 육성하는 정조의 교육방법론을 생각해 보았으면 한다.

-2013.08.07

# 해괴제 解怪祭

조선왕조실록에는 우리나라에 지진이 2500건 정도 발생했다고 기록돼 있다. 그렇다면 500년 조선 역사를 통틀어 1년에 5번꼴로 지진이 일어난 셈이다.

그런데 조선시대 사람들은 지진을 단순한 자연 재해라고 생각하지 않았다. 지진뿐만 아니라 천둥, 해일, 가뭄, 홍수 등은 모두 국왕과 관료들의 실정失政 때문에 비롯된 것이라고 생각했다.

1498년 11월 18일, 당시 사간원에서 근무하던 이경무가 국왕인 연산군에게 상소를 올린다. 이경무는 연산군이 여색을 탐하고 조정을 능멸하며 내시들 권한이 강해져 나랏일을 그릇되게 만들었기 때문에 최근 천둥이 치고 지진이 일어나는 것이라고 했다. 2년 뒤에는 예문관에서 일하는 강덕우가 다시 상소를 올렸다. 국왕의 무능함과 부도덕한 행위로 인해 끊임없이 지진이 발생해 백성들이 곤궁에 처하게 됐다고 말이다.

지진 발생이 국왕뿐 아니라 신하들 잘못 때문이라고 생각한 사람들도 있다. 중종 때 영의정이었던 김수동은 충청도 지역 4개 군에 지진이 발생한 것은 자신을 비롯한 정승들의 잘못 때문이라며 사직을 청했다. "어진 정승을 뽑아 하늘의 뜻에 응답하라"며 중종에게 간청하기까지 했다. 이때 중종은 "지진이 난 것은 군왕이 잘못했기 때문이지 정승 탓이 아니다"며 사직 상소를 받아들이지 않았다.

이처럼 조선시대에는 지진이 단순 자연재해가 아닌 군왕과 신하들 책무 소홀로 '하늘이 벌을 내리는 것'이라는 인식이 팽배했다. 그래서 지진이 발생하면 조정에서는 '해괴제'解怪祭라는 제사를 지내 분노한 천지신명을 위로하곤 했다. 또 국왕과 관료들은 근신하며, 가난하고 억울한 백성들을 구제하는 정책을 썼다. 대사면을 단행하고 환곡 이자를 탕감해주고, 군포를 반으로 줄여주고, 억울한 백성들 소리를 귀담아들었던 것이다. 이렇게 해야 백성들 원성이 줄어들고, 하늘의 분노가 풀려 나라가 안정된다고 생각했기 때문이다.

최근 한반도에 지진이 지속적으로 나타나고 있다. 충남 보령 앞바다에서는 일주일 새 4차례나 지진이 발생했다. 만일 원자력발전소 일대에서 강도 높은 지진이 발생한다면 우리나라 역시 일본 후쿠시마 원전 사고 같은 엄청난 재앙을 피하기 어려울 것이다. 우리나라 정치인들이 지진에 대해 충분한 물리적인 대비를 하고 있는지 궁금해진다. 조선시대 위정자들이 지녔던 것처럼 지진에 대해 겸허한 마음을 갖고, 무엇보다 국민을 먼저 생각하며 올바르게 처신했으면 한다.

-2013.07.31

# 임진왜란의
# 전시작전권

1592년 12월 25일. 눈으로 가득 쌓인 의주의 용만관龍灣館. 조선의
국왕 선조는 명나라 제독 이여송李如松을 기다리고 있었다. 이여송은 거
만한 태도로 한없이 초라해진 선조의 인사를 받으며 단상 위에 올랐다.
"속국屬國을 구하기 위해 왔다"는 이여송에게 선조는 조선
군사지휘권의 상징인 환도環刀(의장용 칼) 한 쌍을 올리며
명나라에 전쟁의 모든 것을 맡겼다. 이로써 조선에서의 모든
'전시작전권'은 명나라에 넘어갔다. 명이 임진왜란에 참전한 지 단 하루
만의 일이다.

명나라가 임진왜란에 개입한 것은 표면상으로는 조선의 구원 요청
을 수용한 것이지만, 속으로는 일본군이 요동지방으로 넘어오는 것을
방지하고, 수도인 베이징을 보호하기 위함이었다. 그런데 전시작전권을
확보한 명군은 참전한 지 얼마 되지도 않아 일본군과 강화 협상을 전개
한다. 물론 조선은 이런 사실을 까맣게 몰랐다. 더구나 명나라는 강화
협상의 대가로 조선의 군대가 일본군을 공격하지 못하게 했다. 실제로
명의 장수 송응창宋應昌은 행주전투(1593년 2월)에서 조선 병사들이 일본

군을 죽인 것에 대해 질책을 하기까지 했다. 그리고 1593년 4월 19일 일본군이 서울에서 퇴각할 때 조선군이 추격하려는 기미를 보이자 명군은 '안전한 철수'를 위해 후면에서 일본군을 호위하고, 조선군의 진격을 차단하는 등 철저히 일본군을 위한 행동으로 일관했다.

당시 강화협상의 대표였던 명나라 사신 심유경沈惟敬은 부산과 울산 일대에 주둔해 있는 일본군에게 '심유경 표첩'이라는 통행증을 발급해 주고 조선군에게 이를 소지한 일본군을 공격하지 말라고까지 했다. 이 표첩을 소지한 일본 군인들이 조선 민가를 돌아다니며 온갖 행패를 부려도 조선군은 이들을 공격할 수 없었다. 심지어 심유경 휘하에 있던 관유격이란 장수는 일본군을 공격했던 박진 등 조선의 네 장군을 붙잡아다가 곤장을 치고 욕보이기까지 했다. 그래서 당시 백성들은 일본군보다 명나라군을 더 원수로 여겼다.

최근 우리 정부가 미국 측에 오는 2015년 12월에 환수될 전시작전권의 전환 시기 연기를 요청한 것으로 알려져 논란이 일고 있다. 오히려 미국 합참의장은 전시작전권 전환을 예정대로 추진하는 방안을 지지한다고 밝히기도 했다. 물론 북한의 위협이 재차 부각됨에 안보에 대한 명분은 있겠지만, 전시작전권 전환은 어디까지나 '외교적 약속'이다. 정권이 바뀌었다고 전 정권의 외교적 약속을 손바닥 뒤집듯 한다면 명분과 실리 모두 잃는 상황을 맞게 될 수도 있다.

-2013.07.24

# '중국 사신' 황엄

1419년 8월 17일. 상왕 태종太宗과 주상 세종世宗이 경복궁 근정전에 무릎을 꿇고 중국 황제 칙서를 받았다. 명나라 황제인 영락제가 세종의 국왕 승계를 허락한다는 문서였다. 영락제를 대신해 문서를 낭독한 이는 내관태감 황엄黃儼(?~1423)이란 자였다. 황엄은 환관, 즉 내시였다. 국왕 승계를 윤허하는 자리에 내시가 중국 황제 문서를 대독하다니. 우리나라 국왕들 체면이 말이 아니었다.

황엄은 원래 중국 출신이 아니라 평안도 의주 출신이란 설이 있다. 그는 일찍 부모를 여의고 홀로 명나라 국경을 넘어갔다고 한다. 이후 잡일을 하다 스스로 고자가 된 후 궁중 내시로 들어가게 된다. 명나라는 조선 출신 내시를 활용해 사신단으로 파견한 후 조선을 감시·통제하려 했다. 이 때문에 그는 황제 최측근이 되어 태종 때부터 사신단 대표로 조선을 방문하곤 했다.

평민 출신이라는 한恨이라도 풀고자 했을까? 황엄은 조선을 방문할 때마다 '무례의 극치'를 보였다. 오죽했으면 태종은 명나라 사신단을 위한 잔치를 베풀다가 황엄의 행동거지가 너무나도 무엄해 잔치를 파하기까지 했을까. 황엄은 중국 황제 칙사라는 신분을 이용해 조선 국왕에게 끝없이 술을 마시게 하고, 희롱하기까지 했다.

이뿐만이 아니다. 황엄은 세종이 즉위한 이후에도 중국 내시로 쓸 조선인 남자와 중국 관리들의 성적 쾌락을 위한 조선 여인, 그리고 온갖 뇌물을 요구했다. 또 제주도를 비롯한 전국 사찰에서 불상과 300개가 넘는 사리를 중국으로 가져갔다. 그가 중국으로 돌아갈 때 효령대군을 비롯한 종친과 문무 관료들이 한양과 벽제, 그리고 개성과 평양, 의주에 이르기까지 계속해서 접대를 하며 선물을 갖다 바쳐야 했다. 이것이 약소국가 조선의 현실이었다.

얼마 전 박근혜 대통령이 중국을 국빈방문해 시진핑 국가주석에게 열렬한 환대를 받았다. 1992년 중국과 국교 수립 이후 대한민국 대통령 모두 중국을 방문했지만, 중국 젊은이들까지 우리나라 대통령의 일거수일투족에 관심을 보인 것은 이번이 처음이다. 과거 책봉국과 조공국 관계를 생각한다면 정말 '격세지감'이다. 하지만 중국이 우리와 진정한 우방이 되기 위해서는 정치와 경제 등 모든 분야에서 좀 더 동반자적인 자세를 갖고 평등한 관계를 모색해야 할 것이다. 또 동북공정 같은 역사 왜곡 작업은 하루속히 중단해야만 한다. 우리나라는 더 이상 과거의 조선이 아니기 때문이다.

-2013.07.17

# 사도세자 <sub>思悼世子</sub>

  '호랑이가 깊은 산에서 울부짖으니 큰 바람이 분다.'

  이 시구를 지은 이는 바로 비운의 왕세자 사도세자(1735~1762)다. 호방한 기운을 가지고 있던 그는 효종을 계승한 북벌北伐이 꿈이었다. 어린 시절부터 경전 공부보다는 전쟁놀이를 하거나 진법서와 병법서 읽기를 즐겼다. 병자호란의 치욕을 극복하기 위해 조선 국방력을 강화하고자 했던 것이다.

  영조는 어린 시절부터 사도세자의 무인적 기질을 알고 있었다. 그래서 세자에 대해 "태산泰山을 끼고 북해北海를 뛰어넘는 기질을 가지고 있다"고 평가하기도 했다. 영조는 천재성을 지니고 있는 아들을 사랑했고, 아들이 강인한 성격을 조금만 부드럽게 하면 자신을 능가하는 군주가 될 것이라고 확신했다.

  하지만 영조는 어느 순간부터 세자를 미워하기 시작한다. 그것은 바로 세자가 소론少論의 주장에 동조하기 시작했기 때문이다. 숙종의 둘째 아들이었던 영조는 노론老論 관료들의 지지에 의해 국왕이 된 인물이다. 그가 비록 탕평을 부르짖었지만 실제 권력은 노론에게 있었다. 그런 상황에서 사도세자가 소론 정책을 지지했고, 영조가 일본과 교류를 강조한 것과 달리 북벌을 주장했던 것이다. 영조는 자신과 다른 정치적 성향을 가진 아들에게 서서히 회의감을 갖게 됐고 나중엔 대놓고 세자를 미워했다. 노론 역시 세자가 장차 국왕이 되면 자신들의 권력기반이 사라질까 두려워 영조와 세자를 이간질하기 시작한다.

아버지의 미움에 대한 충격으로 급기야 사도세자는 정신질환까지 앓게 되고, 이런 아들 모습을 지켜본 영조는 천륜의 정을 끊기 위해 창경궁 휘령전 앞마당에서 세자를 뒤주에 가두었다. 결국 사도세자는 뒤주에 들어간 지 8일 만인 1762년 윤 5월 21일 숨을 거두었다. 양력으로 환산하면 7월 12일이다. 한여름 뙤약볕 아래 그는 8일 동안 뒤주에서 물 한 모금도 마시지 못하고 '질식사' 하고 만다. 더구나 영조에게 세자에 대한 처분은 죽음밖에 달리 방도가 없다고 건의한 이가 세자 생모인 영빈 이씨이고, 뒤주를 직접 가져온 이가 장인 홍봉한이요, 죽음을 명령한 이가 친아버지이니 세자의 죽음은 비극 그 자체였던 것이다. 아버지가 자식을 믿지 못하고 권력을 위해 아들을 죽이는 세상! 그만큼 권력은 무서운 것이다. 이 뜨거운 여름날 뒤주 속에서 생을 마감한 사도세자를 생각하며 우리가 이 시대를 어떻게 살아가야 할지 깊이 고민해 봤으면 한다.

-2013.07.10

# 실록 實錄
# 열람

세종이 조선 4대 국왕이 된 지 20년 만인 1438년 3월 2일, 조정에는 미묘한 기류가 흘렀다. 성군聖君이라 불리는 세종이 차마 신하들에게 하지 말아야 할 요구를 했기 때문이다. 그것은 다름 아닌 아버지 태종의 실록實錄을 보여 달라는 것이었다. 세종은 역사에 대한 관심이 대단했다. 특히 그 무엇보다도 아버지 태종에 대한 사관들 평가가 궁금했다. 태종은 국왕이 되기 위해 친형제들을 죽였고, 왕이 된 이후에도 권력을 지키기 위해 많은 사람들을 죽였기 때문이다.

하지만 조선이 건국된 후 바로 위 선대의 실록을 보지 않는 것은 당시 '불문율'이었다. 명신이었던 변계량은 세종에게 "『태종실록』은 비밀로 지켜야 할 내용이 많기 때문에 여러 사본을 베껴서 사람들에게 읽게 하는 것은 올바르지 않으니, 사고史庫에 보관하는 것이 좋을 것"이라고 건의했다. 세종은 실록이 지니고 있는 비밀과 그 특수성을 인정해 실록 사본을 춘추관에 두고 관리들이 볼 수 있도록 하자는 건의를 받아들이지 않았다.

그랬던 세종이 "중국 옛 황제 중에도 선대 황제 실록을 본 이가 몇 명 있다"며 태종실록을 볼 수 있게 해 달라고 요청했으니 신하들이 얼마나 난감했겠는가.

이에 영의정 황희는 "역대 임금으로서 비록 조종祖宗 실록을 본 사람이 있더라도 본받을 일은 아니지 않은가 합니다. 만약 역사 기록을 보는 법이 자손에게 전해지게 되면 후세에 그른 일을 옳게 꾸미고 단점을 장점으로 교묘하게 두둔해서 바꾸게 될 것이고, 후손들이 과연 무엇을 믿겠습니까?"라며 단호하게 거절했다.

세종은 황희 말을 듣고는 『태종실록』 열람을 포기했고, 이후 조선에서는 아무도 선대 실록을 열람하지 않았다. 올바르고 투명한 역사의 기록을 위해서였다.

최근 국정원이 2급 비밀문서인 '2007년 남북정상회담 회의록'을 일반문서로 재분류한 뒤 공개해 큰 논란이 일고 있다. 국가 정보기관이 정치적으로 미묘한 시점에 양국 정상이 나눈 대화 내용을 일방적으로 공개한 것은 누가 봐도 결코 순수한 동기였다고 볼 수 없다. 오히려 국가의 존엄성과 신뢰도를 해치고 외교적으로 큰 문제를 야기할 수 있다. 올바른 기록문화를 저해하는 행위는 다시는 있어서는 안 될 것이다. 하다못해 절대군주가 지배하는 조선시대에도 국왕이 실록을 열람하지 못했는데 민주주의 국가에서 이런 일이 발생했다니 참으로 조상 보기가 부끄럽다.

−2013.07.03

# 난중일기

지난 21일 광주광역시에서 열린 '2013년 유네스코 국제자문위원회의'에서는 이순신 장군의 『난중일기』를 세계기록유산으로 등재하기로 결정했다.

『난중일기』亂中日記는 이순신이 전라좌수사로 부임한 1592년 1월부터 노량해전에서 전사하기 직전인 1598년 11월까지 7년에 걸친 기록이다. 『난중일기』를 보면 이순신의 인간적 고뇌와 애국심, 더불어 그의 탁월한 전투기획 능력과 리더십이 어떠했는지도 잘 알 수 있다. 유네스코는 『난중일기』가 지닌 사료적 가치는 물론이고 전장에서 장수가 겪었던 인간적 모습에 대한 기록을 높이 평가한 것이다.

이순신이 전라좌수사로 내정된 것은 파격 그 자체였다. '정6품 정읍 현감'에서 6단계를 뛰어올라 '정3품 전라좌수사'가 됐으니 그의 인사를 두고 세간에서는 말이 많았다. 더구나 이순신은 육전에 능한 장수였고 해전에 대해서는 거의 문외한이나 다름 없었다. 따라서 조정 대신들이 이순신의 능력에 의문을 갖는 것은 당연했다.

실제로 이순신은 호남 지역 바다를 제대로 알지 못했다. 어느 바다에서 왜구를 대적하고 물리쳐야 할지 전혀 몰랐던 것이다. 그래서 그는 포구에 사는 남녀 백성들을 좌수영 뜰에 모아놓고 저녁부터 새벽까지 짚신도 삼고, 길쌈도 하게 하면서 밤만 되면 술과 음식으로 그들을 대접했다. 이순신은 평복 차림으로 격의 없이 즐기면서 대화를 유도했다. 백성들은 처음에는 장수 신분인 그를 두려워했으나 시간이 지날수록 인간적인 모습에 매료돼 함께 웃으며 농담까지 주고받는 사이가 됐다. 주로 어업에 종사하던 백성들은 이순신에게 고기 잡고 조개 캐면서 지나다닌 곳에 관한 이야기를 들려주며 '어느 항구는 물이 소용돌이쳐서 반드시 배가 뒤집힌다', '어느 여울은 암초가 숨어 있어 반드시 배가 부서진다'는 등 지형 정보를 소상하게 얘기해 주었다. 이순신은 이를 기억했다가 다음날 아침 현장에 직접 나가 살폈다. 거리가 먼 곳은 휘하 장수를 보내 살펴보게 했는데, 과연 백성들이 이야기한 그대로였다. 결국 이순신은 이런 정보들을 하나 둘씩 모아 실전에서 연전연승을 거둘 수 있었던 것이다.

최근 버냉키 쇼크와 북한 문제 등으로 국제사회는 물론 우리도 혼란스러운 시기를 겪고 있다. 이런 때일수록 국정을 운영하는 지도자의 리더십이 주목받게 마련이다. 대통령과 정부 관료들은 이순신 장군처럼 백성들 의견을 잘 듣고, 지혜 있는 인재들을 등용해 국가적 위기를 극복해 나갔으면 좋겠다.

-2013.06.26

# 문정왕후
## 어보 御寶

조선시대 왕비 중에서 가장 정치적 욕망이 컸던 인물을 꼽으라면 단연 문정왕후<sup>文定王后</sup>(1501~1565)다.

11대 중종의 왕비이자 13대 명종의 모후인 문정왕후는 자기 아들을 국왕으로 만들기 위해 31세 젊은 인종을 독살했다는 의혹도 받았다. 그런 연유로 그녀는 오늘날까지 TV드라마와 영화에 단골 주인공으로 등장한다.

12세 경원대군을 끝내 조선 국왕으로 만든 문정왕후는 1545년 을사사화를 통해 반대세력들을 모두 제거하고 친정체제를 구축한다. 조선 건국 이후 대비들의 수렴청정이 몇 차례 있긴 했지만 문정왕후는 이전 수렴청정과는 전혀 다른 행태를 보였다.

그녀는 자신이 하고 싶은 일을 한글로 적어 내시를 통해 명종에게 전달했다. 명종이 자기 지시를 따르지 않으면 "네가 임금이 된 것은 모두 우리 오라버니와 내 힘"이라고 소리치며 임금 얼굴을 때리기까지 했다. 물론 이는 공식 사서가 아닌 야사에 전하는 기록이다. 이런 기록만 보면 문정왕후는 분명 조선 정치사에 부담을 준 악녀<sup>惡女</sup>라고 할 수 있을 것이다.

하지만 그녀의 정치적 행위는 역사적으로 엄청나게 왜곡된 것이기
도 하다. 그 이유 중 하나는 그녀가 유교 대신 불교 중흥을 위해 엄청
난 노력을 했기 때문이다. 문정왕후는 불교계를 개혁하기 위해 승과를
부활시켜 승려들을 양성했다. 이때 성장한 이들이 바로 '서산대사 휴정'
과 '사명대사 유정'이었다. 이들은 임진왜란 때 승군을 조직하고 일본군
을 물리쳐 조선을 구하는 데 큰 기여를 했다. 남성 중심 사회에서 여성
이 권력을 휘두르고 국가적으로 억제하는 불교까지 활성화시켰으니 당
시로서는 천고에 없는 '사문난적'이었던 것이다.

최근 미국 LA주립박물관에 문정왕후 어보御寶(왕실 권위를 상징하는
의례용 도장)가 소장돼 있다는 소식이 전해졌다. 이에 대해 미국 정부는
한국전쟁 기간에 미군들이 훔친 것이라고 확인해 주기도 했다. 그리고
지난주 국회에선 문정왕후 어보 반환에 대한 대정부 질의가 있었고, 문
화부 장관은 미국과 협상을 통해 어보를 반드시 환수하겠다는 의지를
밝혔다. 일제 강점기와 한국전쟁 기간 중 강탈당한 수많은
문화유산이 외국에 가득하다. 이제 하루빨리 그 문화유
산을 제자리에 다시 돌려 놓아야 한다. 국민의 적극적인 관
심과 지원이 필요하다.

-2013.06.19

# 황진이와
# 개성開城

조선의 선비 중에 아래와 같은 유언을 남긴 이가 있다.

"세상 여러 나라 중에 황제를 자칭하지 않은 나라가 없는데 유독 우리나라는 그러지 못하니, 이런 욕된 나라에서 태어나 죽은들 무엇이 아깝겠느냐? 곡哭을 하지 마라!"

주체적이지 못한 조선을 비웃으며 곡을 하지 말라고 유언을 남긴 이는 바로 임제林悌(1549~1587)다. 천재 시인으로도 유명했던 임제가 평양으로 벼슬살이하러 가다 천하의 대기녀 황진이黃眞伊의 묘소에 술잔을 올리고 시 한 수를 남겼다.

"청초 우거진 골에 자난다 누워난다, 홍안은 어디 두고 백골만 누웠나니, 잔 잡아 권할 이 없으니 그를 슬퍼하노라!"

조선 제일의 장부라 일컬어지는 선비 임제는 왜 황진이를 사모하여 시를 남겼을까? 그것은 바로 그녀가 '주체적'인 인간이었기 때문이다. 황진이는 잘 알려져 있듯이 개성開城 사람이다. 박연 폭포, 화담 서경덕 그리고 자신을 송도삼절松都三絶이라고 이야기할 정도로 그녀는 스스로에 대한 자부심을 가지고 있었다.

자신의 미모나 학문과 예술에 대한 자신감만이 아니었다.

　황진이의 자신감은 이성계가 조선을 건국한 이후 불사이군<sup>不事二君</sup>을 외치며 개성의 광덕산 두문동<sup>杜門洞</sup>에 들어간 72현의 후예라는 인식에서 나온 것이다. 개성유수를 역임한 한음 이덕형<sup>李德馨</sup>(1561~1613)도 개성의 신비한 이야기를 쓸 정도로 개성은 그야말로 개성적이며 주체적인 도시였다. 그렇기 때문에 황진이는 강한 자아를 바탕으로 비록 기녀였지만 화려한 것을 일삼지 않았다. 관아 주관의 술자리라도 다만 빗질과 세수만 하고 나갈 뿐, 옷도 바꾸어 입지 않았다. 또 방탕한 것을 좋아하지 않아서 시정<sup>市井</sup>의 잡배들이 천금을 준다 해도 잠자리를 하지 않았다. 선비들과 더불어 시 짓는 모임을 좋아했던 그녀는 일찍이 화담 서경덕을 사모하여 화담의 제자가 될 정도였다. 화담과 황진이 이 얼마나 멋진 사제<sup>師弟</sup>인가!


　오늘 참으로 오랜만에 개최될 예정이었던 남북 회담이 무산된 것은 매우 아쉽다. 7·4남북공동성명, 6·15남북공동선언, 10·4남북공동선언에 이어 남북 간의 화해와 평화를 만들 수 있는 전초 회담으로 기대를 모았기 때문이다. 자아가 강한 황진이의 후예들이 북측에서 실무회담 준비를 주도했다. 이들의 자존심을 잘 이해해 남북이 화해하고 소통하기를 바란다. 그래서 개성의 박연폭포와 용흥리 화계계곡에 있는 화담 서경덕의 묘소를 보았으면 한다. 필자가 더 원하는 것은 개성 곳곳에 남아있는 황진이의 향내에 취하는 것이다.

－2013.06.12

# 사관史官과
# 사관史觀

    1645년(인조 23년) 4월 26일 인조의 큰아들인 소현세자가 갑자기 죽었다.

    당시 인조는 세자가 갑자기 '학질'로 죽었다며 급히 장례를 치르도록 명했다. 세자의 죽음에 대한 진실을 밝히자는 신하들 요구도 철저히 묵살해 버렸다. 관료들이 세자 염습에 반드시 참여해야 한다는 원칙도 무시하고 왕실 인척 몇 명만 참여하게 했다. 세자의 죽음에 대한 진실이 밝혀지는 것이 두려웠던 것이다.

    병자호란 이후 청나라에 볼모로 끌려간 지 9년 만인 1645년 2월 중순에 조선으로 돌아온 소현세자는 백성들에게 인기가 많았다. 청나라 수도 심양에 있는 동안 서양 선교사들을 만나 유럽 선진 문물을 배우고, 포로로 끌려 온 조선 백성들을 위해 공동 농장을 만들었으며 중계무역까지 했다. 청나라 황제와 신하들에게 신임도 얻었다.

    인조는 국왕 지위가 세자에게 넘어갈까 위기의식을 느꼈다. 이런 와중에 소현세자는 귀국한 지 2개월 만에 의문사하고 만다. 당시 그의 나이는 불과 34세. 여기에 그치지 않고 인조는 소현세자 국상이 끝난 1647년(인조 25년) 5월 소현세자의 세 아들인 석철(12) 석린(8) 석견(4)을 제주도로 유배를 보낸다. 석철과 석린은 이듬해에 죽고 말았다.

누가 봐도 의문투성이였던 일련의 사건. 영원히 밝혀지지 않을 것만 같았던 소현세자 '독살'은 그 정황이 드러나게 된다. 그것은 바로 세자를 염습할 당시 이야기를 전해들은 사관史官이 남겨 놓은 기록 때문이다. '세자는 병이 난 지 수일 만에 죽었는데, 온몸이 전부 검은빛이었고 얼굴의 일곱 구멍에서는 모두 선혈이 흘러나왔다. 곁에 있는 사람도 그 얼굴빛을 분간할 수 없어서 마치 약물에 중독돼 죽은 사람과 같았다'고 전한 것이다. 사관은 자신이 죽을 각오를 하고 소현세자 사망이 독살이라는 기록을 남긴 것이다. 이름을 알 수 없는 그 사관의 용기가 아니었다면 오늘날 우리는 소현세자의 죽음에 대한 진실을 영원히 몰랐을 것이다.

최근 보수와 진보 사이에 국사 교과서에 대한 논쟁이 뜨겁다. 아마도 시대를 바라보는 사관史觀이 달라서 나오는 현상일 것이다. 그러나 그 무엇보다 중요한 것은 역사의 진실을 올바로 알리고자 하는 역사가로서의 진정성이다. 서로가 진정성을 가지고 논의한다면 모든 이들이 공감하는 우리 역사를 제대로 정립할 수 있을 것이다.

-2013.06.05

# 세자빈의
# 동성애

일본에서 커밍아웃을 한 30대 여성 정치인이 최근 비례대표직을 승계받아 국회의원이 됐다. 우리나라도 연예인이 TV 토크쇼에 나와서 스스로 커밍아웃을 하는 세상이다.

종교계를 비롯해 일부 보수적인 단체들이 아직도 동성애를 '죄악'으로 인식하고 있지만 우리 사회가 그만큼 변화했다는 방증이다.

동성애 문제는 최근에 불거진 것 같지만 이미 조선시대에 궁궐을 발칵 뒤집어 놓은 사람이 있었다. 바로 조선 제5대 임금인 문종<sup>文宗</sup>의 세자빈 '봉씨'가 그 주인공이다. 어느 날 경복궁 사정전<sup>思政殿</sup>에서 업무를 보던 세종<sup>世宗</sup>은 며느리인 세자빈 봉씨가 궁녀와 동성애 행각을 벌인다는 보고를 받고 하늘이 무너지는 것 같았다.

첫 번째 세자빈 김씨가 문종과 잠자리를 자주 하고 싶어 남자를 유혹하는 사술<sup>邪術</sup>을 쓰다가 폐위된 지 얼마 되지도 않았는데, 두 번째로 맞이한 세자빈이 궁녀와 동침한다는 소식을 들었으니 세종의 기분이 어땠을까?

사실 봉씨는 술을 좋아하긴 했지만 처음부터 동성애자는 아니었다. 남편 문종의 무관심이 외로움으로 바뀌면서 자연스럽게 궁녀들에게 눈길을 주게 된 것이다. 세자빈 봉씨는 그중 '소쌍召雙'이라는 궁녀를 특별히 마음에 두고 그녀와 동침까지 한 것이다.

소쌍 역시 세자의 후궁인 권승휘의 궁녀 '단지端之'와 동성애를 하고 있었다. 세종실록에 따르면 "소쌍이 단지와 더불어 항상 사랑하고 좋아하여 밤에만 같이 잘 뿐 아니라 낮에도 목을 맞대고 혓바닥을 빨았다"는 기록도 있다. 평생 궁을 벗어나지 못하고 결혼도 하지 못하는 궁녀들 사이에서 동성애는 드러낼 수는 없어도 드문 일이 아니었다.

최근 야당 의원들에 의해 추진됐던 '포괄적 차별금지법'이 특정 종교계에 부딪쳐 사실상 무산됐다. 이는 성별이나 장애·나이·학력·종교·성적 지향 등을 이유로 한 차별을 모든 영역에서 금지하는 법안으로 국정과제에도 포함돼 있는 사항이다. 차별금지법은 특정 성적 취향자들을 옹호하기 위한 법이 아니다. 대한민국 국민으로 살면서 사회적 편견 때문에 능력에 상관없이 감수해야만 하는 여러 가지 차별을 없애자는 것이다. 우리 사회가 좀 더 대승적인 관점에서 차별금지법에 대한 논의를 나누고 발전적인 방향을 모색하길 기대해 본다.

-2013.05.29

# 천불천탑과
# 5월항쟁

전남 화순에는 운주사雲住寺라는 절이 있다. 천불산에 위치한 이 절의 백미는 '천불천탑'千佛千塔.

투박한 불탑과 백성 얼굴을 한 불상들로 가득한 이 천불천탑에는 역사에 기록되지 않은 특별한 전설이 존재한다. 고려 태조 왕건은 죽기 전에 유언으로 '훈요십조'訓要十條를 남겼다. 그중 하나가 바로 차령 이남과 금강 밖의 사람들을 등용하지 말라는 것. 이는 후백제인들, 즉 오늘날 호남 지역 사람들을 등용하지 말라는 지시다.

이 소식을 들은 후백제인들은 천불동에 하룻밤 새 1000개 불상과 탑을 세웠다. 미륵이 나타나 평등한 세상을 만들어 줄 것이라고 소망하며. 그런데 불상 두 개만 완성하면 되는 시점에 수탉 한 마리가 새벽을 알리며 울었다.

불상을 만들던 후백제인들은 날이 밝은 것으로 생각하고 망연자실해 다들 쓰러지고 말았다. 결국 불상은 완공되지 못했고, 미륵세상 역시 도래하지 않게 됐다.

완성되지 못한 999번째, 1000번째 미륵불 중 하나는 '입불'立佛이고 다른 하나는 '좌불'座佛이다. 고려왕조 지배자들은 훗날 미륵불상이 일으킬 봉기가 두려워서 좌불상의 둥글게 솟은 머리 가장자리를 떼어냈다. 그때부터 기이한 일들이 일어나기 시작했다. 운주사 양쪽 여닫이문을 여닫을 때 돌쩌귀와 대문에서 삐걱거리는 나지막한 소리가 나는데, 이것이 고려 수도에서는 천둥소리로 들리고, 왕이 사는 궁궐에서는 폭음으로 들렸으며, 지배자들 귀에는 무서운 굉음으로 들렸던 것이다. 그래서 고려 귀족들은 운주사 문짝을 떼어내도록 했다. 이후 굉음은 사라졌지만 백성들은 천불동 운주사 대문이 다시 세워지고 미륵불이 완성돼 진정한 미륵세상이 올 것이라 굳게 믿었다.

이 지역에 사는 사람들은 아직도 천불천탑 전설을 믿고 있을까. 빛고을 광주光州에서 민주화를 위해 정釘 대신 총을 잡은 이들이 바로 천불천탑을 만들었던 선조들의 후예가 아닌가 한다. 5월 광주항쟁은 어쩌면 미륵불을 세워 미륵세상을 만들려는 마지막 노력이었을지도 모른다. 평화와 평등의 세상은 단순히 백제 지역 후손들만 원했던 것은 아니다.

아마도 한반도에 사는 모든 이들이 한 번쯤 꿈꿨을 것이다. 지역 간 대립과 계층 간 갈등이 이 땅에서 영원히 사라지는 날을 기대해 본다.

-2013.05.22

# 공자孔子의 음주와 바른 처신

성인聖人으로 평가받는 공자孔子가 술을 좋아했다는 사실을 아는 사람은 그리 많지 않다. 왜냐하면 그가 술 수십 병을 마시고도 실수를 한 적이 없었기 때문이다. 공자의 음주 습관을 『논어』 '향당편'鄕黨篇에서는 "주량이 무량이되 난잡하지 않았다"고 했다.

조선 22대 국왕인 정조에게 한 신하가 "전하, 공자님께서 주량이 무량이되 난잡하지 않았다고 하였는데 그 의미는 무엇이옵니까?"라고 물었다.

정조는 이렇게 대답했다.

"주량이 무량이라고 하신 것은 술을 마시지 않아야 할 때 술을 마시지 않는 용기가 있어야 하는 것이고, 술을 마셔야 할 상황이 되었을 때 기쁘게 한껏 먹는 것이다."

즉 중요한 일이 있어 절대로 술을 마시지 않아야 할 상황이면 주변 유혹을 극복하고 술을 마시지 않고 해야 할 일을 하는 것이고, 중요한 일이 마무리되어 기쁜 자리가 되어 축하를 해야 할 일이 있을 때 함께 즐거워하며 기쁘게 마시되 난잡하게 먹어서는 안 된다는 것이다. 이는 정조의 음주 철학이자 공자의 음주 철학을 정확하게 이해한 것이리라!

공자는 『주역』周易을 완성하면서 64괘 중 마지막 괘인 '화수미제'火水未濟 마지막을 음주문화와 관련해서 정리했다.

"술을 마시는 데 믿음을 두면 허물이 없거니와有孚于飮酒 無咎, 그 머리를 적시면 믿음을 두는 데 바름을 잃으리라濡其首 有孚失是!" 술을 마실 때 상대방과 믿음을 갖고 사이좋게 마시면 불신과 허물을 없앨 수 있지만, 너무 많이 먹고 취해 이성을 잃으면 잘못된 행동으로 오히려 신뢰를 깬다는 것이다.

공자가 주역 마지막 괘를 "술 마시는 것을 경계하라"고 한 것은 그 당시에도 그만큼 잘못된 음주문화가 많았고 그로 인해 역사 발전을 저해할 수 있다고 판단했기 때문이다. 그래서 공자는 『논어』에서 "몸가짐에 부끄러움이 없으며 곳곳에 사신으로 가서 군주의 명을 욕되게 하지 않으면 이를 선비라 부를 만하다"고 바른 처신을 하는 관료를 칭송한 것이다.

최근 박근혜 대통령 미국 방문 외교 때 윤창중 전 청와대 대변인의 잘못된 음주와 행동으로 우리나라 품격이 손상됐고 국민도 큰 실망과 충격을 받았다. 사회 지도층일수록 더 공자의 음주철학과 바른 처신을 본받고 마음에 깊이 새겨야 할 것이다.

-2013.05.15

# 역관 홍순언의
# 외교

임진왜란이 시작된 지 2개월 만에 수도 한양이 함락됐다. 의주까지 피난을 간 선조는 명나라에 원군을 요청하기로 했다. 쇠락기에 접어들었던 명나라는 조선에 군대를 파견하는 것을 쉽게 결정하지 못했다. 절체절명의 위기에서 명으로 간 사신단은 황제에게서 원군 파병을 허락받는다. 사신단 주역은 역관 홍순언<sup>洪純彦</sup>(1530~1598). 그는 대대로 역관 집안에서 성장한 당대 최고 역관이었다.

하지만 그가 단순히 중국어 통역을 잘한다고 해서 파병 결정을 이끌어냈던 것은 아니다. 홍순언에게는 드라마와도 같은 특별한 사연이 있었다. 젊은 시절 통역관으로 베이징에 갔다가 우연히 기루<sup>妓樓</sup>에 들렀다. 그곳에서 그는 매우 아름다운 여인을 만난다. 그런데 여인이 울음을 멈추지 않았다. 그 까닭을 물어보니 여인이 대답하기를 "부모가 돌아가셨는데 장사 치를 비용을 마련하기 위해 자기 몸을 기생집에 팔았다"는 것이었다. 사연을 들은 홍순언은 역관에게 허용된 중국 교역을 위한 상업 자금을 모두 털어 술집에 주고 그 여인에게 자유를 찾아 주었다.

자유의 몸이 된 그 여인은 타고난 미모로 명나라 황제 측근이자 외교를 담당하는 예부상서 석성石星의 후실이 되었다. 이 여인은 생명의 은인인 홍순언이 조선에서 오기만을 손꼽아 기다렸다. 1584년 홍순언은 명나라 조정 문서에 태조 이성계 아버지가 이자춘이 아닌 이인임이라고 되어 있는 것을 고치기를 청원하는 사신단 일원으로 베이징에 갔다가 그녀를 만났고 석성의 도움으로 이를 해결했다. 석성이 외교 책임자였기에 가능했던 일이다.

　사실 명나라에서는 태조 부친 문제를 뻔히 알고 있으면서도 조선을 통제하기 위해 200년 동안 고쳐주지 않았다. 잘못 정리된 조선 왕실 종통 문제를 고치기 위해 많은 사신이 명나라에 파견됐지만 아무도 해결하지 못했다.


　홍순언은 임진왜란이 발생하자 다시 명나라로 원군을 청하러 갔다. 국방을 책임지는 병부상서가 되어 있는 석성의 도움으로 원군 출병을 허락받았다. 풍전등화인 조선이 전세를 역전시킬 결정적 기회를 얻은 것이다. 조선은 명나라 군대와 연합하여 일본군을 조선땅에서 몰아냈다. 소설 같은 내용이지만 이는 엄연한 역사다.

　지금 미국에서는 한·미 정상회담과 치열한 외교전이 펼쳐지고 있다. 선조들 지혜를 빌려 우리 외교관들이 좋은 성과를 갖고 귀국하길 기대해 본다.

-2013.05.08

# 여우사냥

1895년(고종 32년) 10월 8일 새벽.

민간인 복장의 비정규 전투군사인 일본 낭인浪人들이 경복궁 근정문으로 진격한다. 이들의 목표는 당시 조선의 실권자였던 명성황후. 작전명 '여우사냥'이 시작됐다.

낭인들은 궁궐 수비대장 홍계훈을 죽이고 황후의 처소인 옥호루玉壺樓로 거침없이 달려갔다. 황후를 지키는 궁내부대신 이경직을 죽인 후 전각 아래에서 명성황후의 가슴을 짓밟으며 수차례나 칼로 가슴을 찔렀다. 술에 취한 낭인들은 죽은 황후의 옷을 벗기고 시신까지 능욕했다. 능욕을 마친 이들은 국모의 시신을 토막 내고 불태운 뒤 옥호루 옆 동산과 향원지에 재를 버렸다. 역사는 이 만행을 을미사변乙未事變이라고 부른다.

을미사변을 지휘한 것은 일본 정부의 지시를 받은 일본 공사 미우라 고로三浦梧樓였다. 앨런(미국), 웨베르(러시아), 힐리어(영국), 크리엔(독일) 등 주한 공사들은 명성황후의 시해에 일본이 직접 관여했음을 확인하고 이를 추궁했다. 특히 미국의 앨런 공사는 사건의 지휘자도, 암살자도 일본인이며, 주한 일본 공관원까지 관여됐다고 미국 국무부에 공문을 보냈다.

일본 정부는 을미사변을 인멸·왜곡하기에 바빴다. 제2기 이토 내각의 서기관장인 이토 미요지는 총리의 재가를 얻어 당시 뉴욕헤럴드 특파원 코커릴을 매수하는 등 공작을 서슴지 않았다.

결국 이 엄청난 사건은 일본 정부의 로비에 의해 완전히 묻히게 됐고, 미국을 비롯한 관계국들은 을미사변의 실체가 담긴 비밀문서를 향후 100년간 공개하지 않기로 결정했다.

명성황후가 시해된 지 100년이 지난 1995년에서야 비로소 비밀문서가 해제되고, 그날의 처참했던 진실이 제대로 밝혀졌다.

최근 아베 신조 일본 총리는 우리나라에 대한 식민 지배와 태평양 전쟁을 부인하고 이에 정당성을 부여하는 망언을 일삼고 있다. 아소 다로 부총리 등 각료 3명과 국회의원 160여 명은 전범들을 합사해 둔 야스쿠니 신사를 참배했다.

이들 일본 정치인이 구한 말 조선의 수도, 궁궐 한복판에서 자행된 '여우사냥'을 어떻게 생각하는지 궁금해진다. 지금으로 따지면 대통령 영부인을 시해한 사건이다.

일본 정부는 즉각 역사 왜곡을 중단하고 진심으로 사과해야 한다. 과거사에 대한 반성 없이는 절대 21세기 동반자 시대로 나아갈 수 없다.

-2013.05.01

# '테러'와
# '의거'

    1945년 7월 24일 오후 7시. 석양이 내리쬐며 아주 후덥지근한 날씨였다. 등줄기에 땀이 가득 밴 청년 한 명이 서울 태평로 부민관(현 서울시의회 건물)으로 들어갔다.

    부민관에는 손에 일장기를 든 청중들로 가득 차 있었다. 이곳에서 친일파 거두인 박춘금(1891~1973)이 만든 대의당 주최로 '아세아민족분격대회'가 열리고 있었다. 이날 행사는 친일파들이 막바지 전쟁을 독려하는 시국강연 자리였다.

    행사장으로 들어간 청년은 2시간을 기다렸다. 그리고 오후 9시가 되자 마침내 표적이었던 박춘금이 단상에 올랐다. 청년은 동지들과 함께 며칠에 걸쳐 만든 사제 다이너마이트 폭탄을 꺼냈고, 명주실 심지에 불을 붙여 단상을 향해 힘껏 던졌다. 그가 던진 폭탄은 정확히 3분 후에 터졌다.

    단상 위에 있던 박춘금을 포함해 친일파 수십 명이 피를 흘리며 쓰러졌다. 그의 폭탄은 한반도에 가득한 친일파들에게 민족 정기가 살아 있음을 알려주는 '의거'義擧였다. 폭탄을 던진 인물은 당시 19세였던 청년 조문기(1927~2008). 일제 권력의 원흉인 조선총독부와 불과 수백 m 떨어진 부민관에서 목숨을 건 항일투쟁을 실천한 것이다.

한 나라가 다른 나라의 지배를 받게 될 때 해당 국민이 저항할 수 있는 방법은 여러 가지가 있다. 그중 하나가 바로 폭탄을 던지는 것과 같은 무력시위다. 백범 김구 선생이 애국단을 만들고 약산 김원봉 선생이 의열단을 만든 것도 바로 같은 이유다. 적은 인원으로 큰 성과를 낼 수 있기 때문이다.

'폭력'을 정당화하자는 이야기는 아니다. 테러를 감행할 때도 최소한 '자유'와 '평화'를 위한 대의가 뒷받침돼야 의로운 행위로 평가받을 수 있다는 것을 말하고 싶은 것이다.

최근 미국 보스턴에서 발생한 폭탄테러는 조국의 평화나 독립을 목적으로 한 것이 아니라 선량한 시민들을 죽고 다치게 한 '묻지마'식 테러다. 특정 종교에 대한 맹신이 테러의 배경으로 지목되고 있기는 하지만, 이는 세계인에게 수긍을 받을 수 있는 올바른 해결책이 절대 아니라고 본다. 미국을 포함해 지구촌 곳곳에 종교, 문화, 관습 등이 전혀 다른 사람들끼리 모여 살고 있다. 민족과 인종 간 갈등을 치유하려면 테러와 폭력이 아니라 대화와 이해를 통한 현명한 해결책이 선행돼야 한다.

-2013.04.24

# 함경도 무사의
# 후예들

조선시대 함경도 백성들은 임진왜란과 병자호란으로 국가가 위기에 처했을 때 의병을 일으키지 않았다. 오히려 적들에게 협조를 했다. '선조실록' 1592년(선조 25년) 9월 5일 기록을 보자. 함흥에 사는 생원 진대유는 일본인에게 딸을 시집보내고, 함흥 문관인 한인록과 문덕규는 자기 아버지가 의병을 일으키려 하자 적에게 밀고해 의병 모의에 가담했던 이들을 몰살시켰다고 한다. 함흥 지역 사람들은 이처럼 풍전등화의 처지에 놓인 나라를 돕기는커녕 침략 세력과 야합을 일삼았다. 그날 기록에 대해 사관은 이렇게 적었다. "다른 지역에서는 모두 의병이 일어났는데 함경도만 아무런 소식이 없었다." 뿐만 아니다. 함경도 백성들은 국왕 선조의 큰아들 임해군을 잡아다가 일본군에 넘겼다.

왜 이런 일들이 생겼을까? 함경도 사람들의 반발 심리는 조선 초기 세조가 함경도 무사들에 대해 '무과武科 금지령'을 내렸을 당시로 거슬러 올라간다. 계유정난을 일으켜 김종서와 황보인 등을 제거한 뒤 권력을 잡은 세조는 김종서의 심복이라는 이유로 파직당한 이징옥李澄玉이 함경도에서 반란을 일으키자 함경도 출신 무사는 등용을 꺼리기 시작한다. 이후 중앙에서 함경도에 무관을 파견하자 이번에는 함경도 길주 출신인 이시애李施愛가 반란을 일으킨다. 세조는 이시애의 반란까지 진압한 후 아예 이 지역 무사들에 대해 무과 시험을 금지시킨다. 이때부터 함경도 지역민에 대한 본격적인 차별이 시작되고, 이들은 분노와 설움으로 나라를 원망하게 된다.

함경도 무사들은 역대 임금들에게 계속해서 억울함을 호소했다. 그러나 별다른 성과는 없었다. 그러다가 영조 때에 이르러서야 차별이 일부 해소됐고 정조 때 차별이 전면 철폐된다. 정조는 즉위년(1776년)에 함경도 무사들에 대한 차별을 전면 철폐하고 친위 군영인 장용영을 창설한 뒤 함경도 무사들을 적극 등용했다. 조선 정부에 잠재적인 위협 세력이었던 이들이 나라에 충성하는 장용영 군사들이 된 것이다.

요즘 함경도 무사들의 후예들이 전 세계를 긴장시키고 있다. 역사가 말해주는 교훈은 "누구든 차별하고 압박하면 위험한 세력이 되지만, 반대로 포용하면 함께할 수 있다"는 것이다. 부디 역사의 교훈을 잘 새겨서 대화와 타협을 포기하지 말고 북한 주민들을 포용할 수 있는 정책이 나오기를 기대해 본다.

-2013.04.17

# 예수회, 서학 그리고 조선

로마에서 예수회 소속인 새로운 교황 프란치스코 1세가 얼마 전 즉위했다. 자신을 낮추고 사회적 약자를 돌보는 신임 교황 행보가 신선하다. 16세기 가톨릭의 부패로 인해 새로운 가톨릭 부흥운동과 동방전교를 위해 창립됐던 예수회는 이후 동방전교의 구심이 되었다.

중국 황제에게 신뢰를 받았던 마테오 리치Matteo Ricci와 아담 샬Adam Schall 등은 모두 예수회 소속이었다. 당시 예수회는 동방전교를 위해 두 가지 원칙을 가지고 있었다. 첫째는 중국 등 동방 국가의 신뢰를 얻기 위해 신부들에게 건축학·토목학·천문학·물리학·수학 등 과학 분야에 뛰어난 재능을 지닌 이들을 선발하거나 교육해 파견하는 것이었다. 두 번째는 예수의 존재를 인정하고 십자가만 세울 수 있다면 그 나라의 모든 문화를 인정하고 배척하지 않는다는 것이다. 그래서 가장 문제가 되는 조상 숭배도 인정했다. 동양의 지배 이념인 유교의 조상 숭배와 전혀 배치되지 않고 오히려 서양의 과학 문화를 전파하게 되었으니 천주교가 탄압을 받을 이유가 없었던 것이다.

이러한 상황에서 마테오 리치가 쓴 '천주실의'가 조선에 들어오게 되었고, 이벽·정약용 등 남인 계열 실학자들에 의해 자생적 신앙으로 확대 발전하게 된다. 학문적 호기심과 평등 개념이 이들을 사로잡은 것이다. 개혁군주인 정조의 측근들 상당수가 남인 계열 실학자였고, 이들은 대부분 천주학에 경도되었다. 하지만 로마 교황청과 예수회의 조상 숭배 허용에 대한 동방전교의 대립이 날로 커졌고 마침내 교황 클레멘스 14세는 1773년 7월에 예수회 해체를 명했다. 예수회 사제들이 소환되고, 교황청에서 파견한 원칙론자 사제들이 새로 부임했다.

1789년 10월 조선의 천주교 신자들은 조상 숭배에 대한 해석을 묻기 위해 윤유일을 베이징에 파견한다. 이때 구베아 주교는 조상 숭배는 절대 금지한다고 강조했다. 이로써 조선에서 천주교는 이단이 되었고, 남인 계열의 개혁적 실학자들에 대한 공격과 탄압이 시작되었다. 이들을 옹호해주던 정조가 사망한 이듬해인 1801년에 벌어진 신유박해로 이가환·정약용 등은 천주교 신자라는 이유로 죽임을 당하거나 유배됐다. 이로써 조선에서 개혁과 개방 물결은 사라지게 된 것이다. 만약 당시 예수회가 로마 교황청에 의해 해체되지 않았다면 우리 역사는 어떻게 되었을까? 이국 땅 로마에서 벌어졌던 논쟁이 우리 역사의 물줄기까지 바꾸어 놓은 것이다.

-2013.04.10

# 조선시대 백성의 벗

조선 후기 학자 성호星湖 이익李瀷(1681~1763)이 쓴 『성호사설』에 담배에 대한 흥미로운 이야기가 나온다.

성호 선생은 남쪽에서 왔다 하여 남초南草 혹은 남령초南靈草라 불리던 담배가 우리나라에 처음 전래된 것은 광해군 때라고 기술했다. 담배라는 이름도 남해 담파국湛巴國이라는 나라에서 들어왔기 때문이라며.

성호는 담배가 가래침이 나오지 않을 때와 소화가 되지 않을 때, 그리고 한겨울에 추위를 막는 데 유익하다고 했다. 하지만 이익보다는 해가 더 많다고 기술했다. 냄새가 나빠서 재계齋戒하여 신명神明을 사귈 수 없는 것이 첫째이고, 재물을 없애는 것이 둘째이며, 세상에 일이 많은 것이 진실로 걱정인데 지금은 상하노소를 막론하고 해가 지고 날이 저물도록 담배 구하기에 급급하여 한시도 쉬지 않으니 이것이 셋째라며 담배의 폐해를 자세하게 기술했다.

학문을 연구하는 성호에게 담배는 '건강을 해치고 공부를 방해하는' 유혹의 풀이었다. 그렇지만 성호가 '상하노소를 막론하고 담배 구하기에 급급하다'고 했을 정도로 조선 후기에 담배는 백성들에게 더없이 가까운 친구이자 위안이었다.

담배라는 이름이 붙여진 것에 대해 성호와는 다르게 해석한 이가 계곡 장유張維(1587~1638)였다. 장유는 담배가 일본에서 들어왔는데 일본 사람들이 담배를 담박괴淡泊塊라고 불렀다고 했다. 장유가 볼 때 당시 담배를 피우지 않는 사람은 100명이나 1000명 중에서 한 명 있을 정도였다고 하니 담배 인기가 실로 대단했던 모양이다.

다산 정약용 선생도 강진으로 유배갔을 때 주막집에서 담배를 꽤나 즐겼던 것 같다. 서글프고 고독한 유배객에게 담배는 더 없이 좋은 친구였으리라! 그래서 다산은 담배라는 시를 짓기도 했다.

"담바고가 지금 새로 나와 귀양살이 하는 자에게 제일 좋다네. 가만히 빨아들이면 향기가 물씬하고, 슬그머니 내뿜으면 실이 되어 간들간들, 여관 잠자리가 늘 편치 못하여 봄날이 지루하기만 하다."

가난하고 힘들었던 이들에게 담배는 고통을 잠시 잊게 해주는 벗이었다. 지금도 역시 마찬가지다. 그런데 최근 담뱃세를 파격적으로 인상한다고 한다. 금연을 통해 건강권을 지키는 것도, 국가 재정 확충도 중요하지만 서민에게 담배는 기호 식품 이상이라는 것을 한 번쯤 생각해 줬으면 한다.

-2013.04.03

# 역사는 미래다

**제1판 1쇄 인쇄**    2016년 12월 15일
**제1판 1쇄 발행**    2016년 12월 20일

**지은이**    김준혁
**펴낸이**    김덕문

**펴낸곳**    더봄
**등록번호**    제399-2016-000012호(2015.04.20)
**주소**    경기도 남양주시 별내면 청학로중앙길 71, 502호(상록수오피스텔)
**대표전화**    031-848-8007    **팩스**  031-848-8006
**전자우편**    thebom21@naver.com
**블로그**    blog.naver.com/thebom21

ISBN 979-11-86589-92-2 03910